JOAN NEGUS

TRANSITE – CHANCEN ZUR VERWANDLUNG

JOAN NEGUS

TRANSITE

Chancen zur Verwandlung

Verlag Hier & Jetzt

Deutsche Erstveröffentlichung
Hamburg 1994

Die Originalausgabe erschien 1987 bei
ACS Publications, P.O. Box 34487
San Diego, CA 92103-0802, USA

Übersetzung und Lektorat: Rolf Schanzenbach, Hamburg
Herausgeber: Wolfgang Bartolain, Hamburg
Umschlaggestaltung: Uli Breyer
Satz: Verlag Hier & Jetzt, Hamburg
Druck: Fuldaer Verlagsanstalt, Fulda

gedruckt auf chlorfrei gebleichtem Papier
und ohne Folienverpackung ausgeliefert

ISBN 3-926925-16-7

Inhalt

Einleitung

In unserer Gesellschaft, die auf das Prinzip von Ursache und Wirkung ausgerichtet ist, haben sowohl Astrologen als auch Nicht-Astrologen versucht, die Gültigkeit oder auch Ungültigkeit der Astrologie *wissenschaftlich* zu beweisen. Studien haben ergeben, daß die Sonne und der Mond einen physikalischen Einfluß auf das irdische Leben ausüben. Einige Untersuchungen sind auch den Planeten gewidmet worden.* Aber ist es eigentlich erforderlich, auf wissenschaftliche Weise darzulegen, warum Astrologie funktioniert? Ich glaube nicht. Wichtig ist, daß es dann, wenn es bei der Bewegung der Planeten zu Transit-Aspekten zu Planeten oder Punkten des Geburtshoroskops kommt, sich in unserem Leben damit einhergehend aussagekräftige Geschehnisse ergeben. Unsere kollektive Erfahrung ist ein Beleg dafür.

Häufig werden Transite dafür benutzt, um zu erklären, warum sich eine Krise ergibt. Es wird davon ausgegangen, daß wir mit dieser Information schwierige Phasen in unserem Leben besser akzeptieren können. Es ist bislang aber wenig dazu geschrieben worden, auf welche Weise wir Transite konkret *nutzen* können. Derjenige, der sich mit der Astrologie beschäftigt, erhält oftmals den Eindruck, daß sich bei bestimmten Planeten beziehungsweise Konstellationen die schönsten Dinge ereignen werden und bei anderen Schimpf und Schande zu erwarten ist – ohne die Möglichkeit, durch das eigene Verhalten Einfluß zu nehmen. Das führt dazu, passiv herumzusitzen und darauf zu warten, daß die Vorhersagen eintreffen. Und wenn auch manchmal Phasen des vorausgesagten Erfolgs sich als Zeiten des Exzesses und der Extravaganz erweisen und vermeintlich schwierige Transit-Aspekte mit besonderen Leistungen oder ei-

* Vgl. zum Beispiel John Anthony West und Jan Gerhard Toonder: *The Case for Astrology*. New York 1970 (Coward/McCann).

nem Zeitraum der Konsolidierung einhergehen, tun wir doch wenig, unsere Einstellung zu verändern.

Wäre es nicht viel produktiver und befriedigender, die Informationen der Transite konstruktiv anzuwenden? Können wir den Transit nicht als Hilfe zur Entfaltung unseres Potentials ansehen – statt ihn fatalistisch als unveränderliche Gegebenheit aufzufassen? Sind die Planeten und Punkte, zu denen Transite bestehen, nicht Teile von uns, an denen wir arbeiten sollten? Transite sind Energien, die zu irgendeiner Zeit unser Leben und unser Bewußtsein beeinflussen – auf die verschiedenste Weise. Als erstes gilt es, das Wesen der Planeten zu verstehen. Danach müssen wir erkennen, wie sie zum Ausdruck kommen. Sie können uns innerlich oder äußerlich beeinflussen, und das, was ihnen zugrundeliegt, kann uns angenehm oder unangenehm sein. Wenn du dir darüber im klaren bist, daß verschiedene Möglichkeiten bestehen, hast du die Wahl. Der Planet oder Punkt, zu dem der Transit besteht, liefert weitere Hinweise darauf, auf welche Art und Weise du aktiv werden kannst. Du solltest den Transit-Planeten und den Planeten oder Punkt, den dieser aktiviert, als Einheit betrachten und diese in Beziehung zu deinem Leben setzen.

Laß uns hierzu ein Beispiel betrachten. Saturn steht für solche Dinge wie Erstarrung, die Lebensstruktur, Organisation und Läuterung. Er wird weiterhin in Beziehung gebracht mit Beschränkung und Frustration. Für Neptun dagegen gelten Entsprechungen wie Auflösung, die spirituelle Natur und die Entwicklung zum Höheren. Er kann aber gleichfalls Verwirrung, Illusion und Enttäuschung bedeuten.

Wenn der Transit-Saturn im Aspekt zum Geburts-Neptun steht, wirst du in den meisten Fällen den Ratschlag erhalten, etwas Nebulöses in deinem Leben zu klären oder das Spirituelle in dir auf irgendeine Weise konkret zu nutzen. Du könntest diesen Transit als Unzufriedenheit mit einem Teil deines Wesens oder deines Lebens wahrnehmen oder die Entdeckung machen, daß deine spirituelle Entwicklung blockiert ist. Die zutreffende Bedeutung kannst du herausfinden, wenn du untersuchst, was von den Geschehnissen in deinem Leben mit dem Symbolismus der betreffenden Planeten übereinstimmt. Auch bei vermeintlich negativen Erscheinungen hast du die Möglichkeit, Alternativen zu erwägen und auszuprobieren. Eine auf positive Ziele ausgerichtete Arbeit kann die Linderung des Problems bedeuten.

Auf der anderen Seite besteht mit dem Transit-Neptun im Aspekt zum Geburts-Saturn die Herausforderung, sich über das Materielle zu erheben oder irgend etwas aus der Struktur des Lebens loszulassen. In negativer Auswirkung könntest du den Eindruck haben, daß du ausgenutzt worden bist oder daß sich dein Gefühl der – finanziellen oder anderweitigen – Sicherheit in nichts auflöst, ohne daß du weißt, warum. Aber auch hier gilt: Es ist nicht zwangsläufig, daß sich diese negativen Manifestationen ergeben. Du hast immer die Möglichkeit, etwas Konstruktives zu tun.

In beiden Fällen besteht die Gelegenheit, sich mit den Schwierigkeiten direkt auseinanderzusetzen oder zu versuchen, die Bedürfnisse auf eine andere Weise zum Ausdruck zu bringen. Wenn gewisse Wege versperrt sind, kannst du entweder den Versuch machen, die Hindernisse auszuräumen oder aber eine andere Richtung einschlagen. Du kannst mit den Transiten auf innere oder auf äußerliche Weise aktiv werden. Mit anderen Worten: Du brauchst nicht untätig herumzusitzen, wenn du den Eindruck hast, daß das Universum Anstalten macht, dich zu verschlingen.

Neben den Informationen, die wir den Transit-Aspekten entnehmen können, sind auch die Häuser, die gerade durchlaufen werden, von Interesse. Du wirst die Feststellung machen, daß sich dann, wenn ein Transit-Planet in ein Horoskop-Haus eintritt, neue Probleme erheben. Diese Probleme stehen in Zusammenhang mit dem Haus und dem Transit-Planeten, und sie werden sich so lange hinziehen, wie der Transit durch dieses Haus dauert. Ich kann dies aus eigener Erfahrung bestätigen. Als der Transit-Pluto das 3. Haus meines Horoskops verließ und in das 4. eintrat, blickte ich auf die zwölf Jahre, die der Transit gedauert hatte, zurück, und erkannte, welche Veränderungen sich im Hinblick auf meine Art zu kommunizieren und die Beziehung zu meinen Geschwistern ergeben hatten. Nachdem ich hier deutliche Entsprechungen gefunden hatte, untersuchte ich die Transite der anderen äußeren Planeten durch die Horoskop-Häuser. Auch hier gab es einen auffälligen Zusammenhang zwischen dem Symbolismus des Transit-Planeten und den vom Transit-Haus verkörperten Bereichen. Das, was dabei herauskam, resultierte nicht aus bewußten Bemühungen – und auf einiges hätte ich auch gut verzichten können. Wie dem auch sein mag – heutzutage überlege ich vorher, worin die Botschaft des Transit-Planeten im Zusammenhang mit dem Transit-Haus besteht, und stimme darauf meine

Handlungen ab. Transite liefern vielerlei Informationen, die dir helfen können, dein Leben erfüllender zu gestalten.

Bei bestimmten Planeten scheinen sich im Transit wichtigere Auswirkungen als bei anderen zu ergeben. Für gewöhnlich sind es die Transite der äußeren Planeten (insbesondere von Jupiter, Saturn, Uranus, Neptun und Pluto), die die großen Veränderungen unseres Lebens kennzeichnen (außerdem wichtig sind die solare und die lunare Wiederkehr, Finsternisse und der Mondzyklus mit seinen Phasen). Der Grund hierfür liegt darin, daß uns diese Transite für längere Zeit begleiten. In einem Buch las ich einmal, daß der Transit eines inneren Planeten wie der Besuch eines Nachbarn ist, der auf eine Tasse Kaffee zu dir kommt – im Gegensatz zum Transit des äußeren Planeten, der sich auswirkt, als ob ein Verwandter für längere Zeit bei dir einzieht. Wenn du dich unter einem bestimmten Mond-Transit nicht wohlfühlst, wartest du ein paar Stunden, und er ist vorbei. Den Problemen, die sich über Wochen, Monate oder – in einigen Fällen – über Jahre hinziehen, kannst du nicht so leicht entfliehen. Transite der inneren Planeten können wir vielleicht am besten verstehen, wenn wir sie als Abschnitte innerhalb der längerwährenden Phasen von Aktivität ansehen, wie sie durch die Transite der äußeren Planeten verkörpert werden. Mars hat dabei eine besondere Rolle. Trotz seiner verhältnismäßig raschen Bewegung kann er als Planet der Initiative einen dauerhaften Einfluß ausüben. Während der vier Tage, für die seine Transite zumeist wirksam sind, kannst du auf eine entschiedene Art und Weise die Initiative ergreifen im Hinblick auf das, was mit dem langsameren Planeten in Verbindung steht.

Aspekte und Transite

Der Überlieferung gemäß werden Sextile, Trigone und – in manchen Fällen auch Konjunktionen – als «günstig» angesehen. Das gilt deshalb, weil mit diesen Aspekten nur selten eine besondere Anstrengung erforderlich ist. Allerdings könnte es auch sein, daß zuviel des Guten geschieht oder daß alles beim alten bleibt, aus dem Grund, daß kein Ansporn gegeben ist, etwas zu ändern. Quadrate, Oppositionen und manche Konjunktionen und Quinkunx-Aspekte werden als «ungünstig» oder auch als «schlecht» eingestuft. Mit ihnen sollen äußerliche Hindernisse (das Quadrat) oder auch ausgeprägte Richtungsänderungen (die Opposition, Konjunktion, das Quinkunx) verbunden sein, die uns – ob wir wollen oder nicht – zum Handeln zwingen. Oftmals bedeuten diese Transit-Aspekte (insbesondere die Opposition und das Quinkunx) Druck von anderen, mit der Folge, daß wir aktiv werden müssen. Laß uns als Beispiel annehmen, daß es zwischen dem laufenden Uranus und deinem Geburts-Uranus zur Opposition kommt und daß du das starke Bedürfnis nach Freiheit verspürst. Dieses Bedürfnis kommt aus *deinem* Inneren – es kann aber sein, daß du damit konfrontiert wirst, weil dein Partner oder deine Partnerin dir untreu ist.

Zum Thema Orben gibt es verschiedene Ansichten. Nur selten wird sich ein Geschehnis genau an dem Tag ereignen, an dem der Aspekt exakt ist. Es ist eher so, daß du eine jupiterhafte Phase erlebst, wenn Jupiter im Transit auf einen Planeten oder Punkt deines Horoskops zuläuft und sich dann entfernt. Dieser gesamte Zeitraum kann auf verschiedenen Ebenen mit dem Jupiter-Symbolismus in Zusammenhang gebracht werden. Jupiter legt dir nahe, deine Horizonte zu erweitern. Jupiter-Themen können in Form von Ereignissen und/oder auf der Bewußtseinsebene in Erscheinung treten. Was könnte passieren, wenn Jupiter im Transit deine Sonne aspektiert? Dein Ego könnte Anerkennung erfahren (äußerlich und positiv); du könntest neue Erkenntnisse im Hinblick auf deine Bedürfnisse gewinnen (innerlich und positiv); du könntest der Ansicht sein, daß andere zuviel von dir erwarten (äußerlich und negativ); es wäre denkbar, daß deine Wünsche und deine Fähigkeiten weit auseinandergehen (innerlich und negativ). Ohne Zweifel gibt es mehr als eine Auswirkung der betreffenden Energien und mehr als eine Richtung, die du einschlagen kannst. Und es ist schwierig zu bestimmen, wann nun genau der Transit-Aspekt seine Wirkung entfalten wird.

In diesem Buch wird von einem Orbis von einem Grad für die Annäherung und einem Grad für die Separation ausgegangen – wobei ich eingestehe, daß dies eine willkürliche Festlegung ist. Transite können über diesen Orbis hinaus wirksam sein, vor allem dann, wenn der Planet rückläufig wird und einige Grad über den Planetenort oder den Punkt des Horoskops zurückläuft und es dann wieder zum Kontakt kommt. Der erste Übergang ist meistens von den dramatischsten Auswirkungen begleitet, aus dem Grund, daß wir uns unter ihm mit neuen Themen konfrontiert sehen. Wenn wir uns aber mit dem Neuen vertraut gemacht und es in unser Leben integriert haben, können wir großen Nutzen aus dem Transit ziehen. Dabei ist allerdings sowohl vor der Ablehnung der Themen des Transits als auch vor einer übertriebenen Offenheit ihnen gegenüber zu warnen. Beides kann zu Problemen führen. Wir können nicht bestimmen, *was* in unser Leben tritt – wir haben aber in einem mehr oder weniger großen Ausmaß die Kontrolle über die Art und Weise, wie wir *reagieren*. Manchmal ist es sehr schwierig, Nutzen aus den Transiten zu ziehen, nämlich dann, wenn wir der Veränderung Widerstand entgegensetzen und das Bekannte vorziehen, auch in den Fällen, in denen es sich um eher unerfreuliche Situationen handelt. Nichtsdestotrotz gibt es Mittel und Wege, die Energien, die mit den Transiten einhergehen, zu nutzen, ohne daß es zu drastischen Auswirkungen kommt. Die Technik, dies zu erreichen, ist die «alchimistische».

Alchimie

Alchimie war die *mittelalterliche Form der Chemie, die als Hauptziel die Umformung minderwertiger Metalle in Gold sowie die Entdeckung des für alles einsetzbaren Lösungsmittel hatte.** Es wird häufig übersehen, daß die alchimistischen Rituale der Läuterung der Seele dienten. Wenn wir die Transite als Gelegenheiten zur Weiterentwicklung ansehen, können wir mithilfe von «Ritualen» einen Einfluß auf die Art und Weise ausüben, wie sich die Planeten-Themen manifestieren. So können auch wir eine Umformung vollziehen – bei der es allerdings nicht um Gold oder das universell einsetzbare Lösungsmittel geht, sondern um Entwicklungen in unserem Leben. Diese alchimistischen Techniken sind kein Selbstzweck – sie sind ein *Mittel.* Wenn wir uns darüber im klaren sind, was wir zu tun haben, können wir auf sie verzichten. Ein Beispiel: Ein Pluto-Transit bedeutet oftmals, daß wir eine Transformation durchlaufen müssen. Damit es zu dieser Transformation kommen kann, müssen die Hindernisse ausgeräumt werden, die dieser im Wege stehen. Wenn dich diese Aussicht erschreckt, könntest du den Prozeß symbolisch angehen und deine Regale und Schränke auf-

* Begriffsbestimmung gemäß *The Random House Dictionary of the English Language.* New York 1968 (Random House).

räumen. Im buchstäblichen Sinn bedeutet dies, daß du Platz machst für Neues beziehungsweise dafür, auf einer bedeutungsvolleren Ebene tätig zu werden. Auf den ersten Blick mag das absurd erscheinen – die Erfahrung aber zeigt, daß es geht.

Es gibt noch andere Wege, die du ebenfalls nutzen solltest, etwas über die Transite der äußeren Planeten herauszufinden. Ein Weg besteht natürlich darin, dich an die Definitionen zu halten, die du in Astrologiebüchern findest. Eine andere Methode wäre, die Erfahrungen, die du selbst und andere unter bestimmten Transiten gemacht haben, zu analysieren. Die äußeren Manifestationen können sehr unterschiedlich ausfallen, auf der inneren Ebene aber sind die Gefühle, die mit den Transiten einhergehen, bei allen Menschen ähnlich. Die allem zugrundeliegenden Probleme finden sich am Himmel widergespiegelt; sie sind universell. Wie wir mit ihnen umgehen, ist unsere ganz persönliche Sache. Es ist schon erstaunlich, wie häufig Menschen, die die Saturn-Wiederkehr erleben, sagen: »Ich muß mich damit auseinandersetzen, was ich machen will, wenn ich älter bin.« Die Erfahrungen, die der einzelne gemacht hat, sowie das, was er als Antwort für sich findet, fallen allerdings unterschiedlich aus.

Die verschiedenen Kategorien von Transiten

Die Transite der langsamer laufenden Planeten können in drei Kategorien eingeteilt werden.

1. ***Transite, die jeder Mensch in einem bestimmten Alter erlebt.*** Diese hängen mit dem Zyklus des betreffenden Planeten zusammen.

2. ***Aspekte zwischen Jupiter, Saturn, Uranus, Neptun und Pluto.*** Dies gilt für Menschen, die den gleichen Jahrgängen angehören. Aufgrund der langsamen Bewegung der äußeren Planeten kommt es über Monate hinweg oder sogar für ein oder zwei Jahre für alle Menschen eines Jahrgangs zu Aspekten zwischen den angeführten Planeten. Diese Menschen haben damit etwas gemeinsam, und insbesondere zu den Zeiten, zu denen Transite von den äußeren Planeten bestehen, müssen sie sich

mit bestimmten Themenbereichen beschäftigen. Diese Transite sind schwerer zu handhaben als die der ersten Kategorie, weil sie eine Kombination von zwei (oder mehr) Planeten bedeuten. Die Informationen, die wir ihnen entnehmen können, sind nicht uneingeschränkt verwendbar. Sie erhellen den Hintergrund aller Menschen, die in einem bestimmten Zeitraum geboren sind.

3. ***Transit-Aspekte der äußeren Planeten zu den persönlichen Planeten und Punkten des Horoskops.*** Unter diese Kategorie fällt alles, was das Horoskop zum Ausdruck des Individuellen macht. Sie muß mit den anderen beiden kombiniert werden.

Zur ersten Kategorie haben Psychologen und Sozialwissenschaftler viel herausgefunden (ohne sich dessen möglicherweise bewußt zu sein). Es ist viel geforscht worden zu den Stadien des menschlichen Lebens oder zum Lebenszyklus überhaupt. Die Resultate der wissenschaftlichen Untersuchungen stehen in enger Übereinstimmung zu den Umläufen der äußeren Planeten, insbesondere zu den Konjunktionen, den Quadraten und den Oppositionen in den Zyklen von Jupiter, Saturn, Uranus und Neptun. In den Forschungsberichten wird die Astrologie zwar niemals angesprochen – die Informationen, die sie enthalten, kann aber dem Astrologen nichtsdestotrotz wichtige Aufschlüsse geben.

Von besonderem Interesse ist in diesem Zusammenhang die an der Yale-Universität durchgeführte Studie *The seasons of a Man's Life* (herausgegeben von Daniel J. Levinson und anderen).* Diese Studie beschäftigt sich nicht nur mit den verschiedenen Lebensstadien, welche mit astrologischen Zyklen in Verbindung gebracht werden können – in ihr ist auch verzeichnet, in welchem Jahr die Teilnehmer geboren sind, so daß wir anhand der Ephemeriden nachvollziehen können, welche Konstellationen zur Zeit der Geschehnisse bestanden. Die Planeten bewegen sich – mit Ausnahme von Pluto – ziemlich gleichmäßig, und als Folge daraus ergibt sich, daß bestimmte Sachverhalte für alle Menschen des gleichen Alters gelten. Zum Beispiel kommt es für jeden Menschen zwischen 17 oder 18

* Daniel J. Levinson und andere (Hg.): *The Seasons of a Man's Life.* New York 1978 (Ballantine Books).

und 22 oder 23 Jahren *zum Übergang ins frühe Erwachsenenalter.* Dies fällt mit dem Quadrat zwischen dem Transit- und dem Geburts-Saturn (im Alter von 20 bis 23 Jahren), dem Quadrat zwischen dem Transit-Uranus und dem Geburts-Uranus (19 bis 23), der Opposition zwischen dem Transit-Jupiter und dem Geburts-Jupiter (18 Jahre) sowie dem Quadrat zwischen dem Transit-Jupiter und dem Geburts-Jupiter (21 Jahre) zusammen. Während dieser Phase

> *muß sich der Mensch von der Familie als dem Zentrum seines Lebens lösen; er muß sich einem Veränderungsprozeß unterwerfen, der ihm eine neue häusliche Basis für sein Erwachsenen-Dasein in einer Erwachsenen-Welt verschafft... Der Mensch in der Phase des* Übergangs ins frühe Erwachsenenalter *muß einiges von dem hinter sich lassen, was sein Lebens als Heranwachsender gekennzeichnet hat, und er muß anderes als Bedingung für das Erwachsenenleben akzeptieren.**

In der Astrologie umfaßt der Begriff *Struktur* unter anderem die Familie beziehungsweise die häusliche Basis, und dies alles sind Sinnbilder für den Planeten Saturn. *Veränderung* dagegen ist eine Vorstellung, die mit Uranus in Verbindung gebracht wird, und *Entwicklung* steht für Jupiter.

Gemäß *Die Stadien des menschlichen Lebens* ist zwischen vier Abschnitten zu unterscheiden:

- *Kindheit und Adoleszenz* (3 – 17 Jahre)
- *Frühes Erwachsenenalter* (22 – 40 Jahre)
- *Mittleres Erwachsenenalter* (45 – 60 Jahre)
- *Spätes Erwachsenenalter* (65 – Jahre)

Zwischen diesen Abschnitten kommt es zu etwa fünf Jahre dauernden Phasen des Übergangs:

- *Übergang ins frühe Erwachsenenalter* (17 – 22 Jahre)
- *Übergang ins mittlere Erwachsenenalter* (40 – 45 Jahre)
- *Übergang ins späte Erwachsenenalter* (60 – 65 Jahre)

* Daniel J. Levinson und andere (Hg.): *The Seasons of a Man's Life,* Seite 75.

Interessanterweise fallen in die ersten zwei der angeführten Übergangsphasen vier oder mehr kritische Aspekte der äußeren Planeten – für die dazwischenliegenden Abschnitte gilt dies nicht.

- Der ***Übergang ins frühe Erwachsenenalter*** umfaßt, wie bereits erwähnt, das Uranus/Uranus-Quadrat, das Saturn/Saturn-Quadrat, die Jupiter/Jupiter-Opposition und das Jupiter/Jupiter-Quadrat.
- Beim ***Übergang ins mittlere Erwachsenenalter*** kommt es zur Uranus/Uranus-Opposition, zum Neptun/Neptun-Quadrat, zur Saturn/Saturn-Opposition und im Jupiter-Zyklus zunächst zur Opposition und dann zum Quadrat.
- Beim ***Übergang ins späte Erwachsenenalter*** ist die Übereinstimmung zu den Planetenzyklen nicht so perfekt. Ich persönlich wäre dafür, diesen Abschnitt auf das Alter von 57 bis 62 zu datieren – dann würde er die zweite Saturn-Rückkehr, das Uranus/Uranus-Quadrat und zwei innerzyklische Jupiter-Transite umfassen. Zur Erhärtung dessen sei darauf hingewiesen, daß sich bei den Teilnehmer der Studie, die zwischen 35 und 45 waren, viele Übereinstimmungen hinsichtlich der ersten zwei Übergangsphasen gegeben waren. Zur dritten Phase fanden sich aber sehr wenig Informationen. Wären Teilnehmer zu der Phase des *Übergangs ins späte Erwachsenenalter* gefragt worden, hätte sich vielleicht eine andere Einteilung ergeben.

Levinsons Untersuchung beschreibt die Bedeutung der Phasen in Begriffen, die mit den planetarischen Zyklen in Verbindung gebracht werden können. Sie legt dar, wie die Teilnehmer diese Zeiten erlebt und genutzt haben. Es findet sich hier viel Material für die astrologische Untersuchung der Transite sowie konkrete Hinweise zu deren Nutzung. Einige der Informationen werden später in den Kapiteln über die einzelnen Planeten vorgestellt.

Auf ***die zweite Kategorie von Aspekten*** wurde ich erstmals Anfang der 70er Jahre aufmerksam, als mein Mann und ich innerhalb von zwei Wochen acht Anrufe von verzweifelten Eltern erhielten. Gegenstand der Anrufe war, daß sich die Kinder auf drastische Weise veränderten oder zumindest davon sprachen, die Struktur ihres Lebens drastisch zu verändern – in eine Richtung, die die Eltern mit

Schrecken erfüllte. Die Umstände waren in den Fällen verschieden, die Botschaft aber dieselbe. Wir erstellten die Horoskope der Betroffenen, die alle in den Jahren 1952 und 1953 geboren waren, und machten die Entdeckung, daß bei allen im Horoskop Neptun in Konjunktion zu Saturn stand (die potentielle Auflösung von Strukturen). Im Transit nun lief Uranus über diese Konjunktion – insofern kam es jetzt plötzlich (Uranus) zur Auflösung (Neptun) der Struktur des Lebens (Saturn). Wir trafen uns mit den meisten dieser Leute und erfuhren dabei, daß sich alle zumindest in Gedanken mit großen Veränderungen beschäftigten – allerdings setzten dann nicht alle diesen Gedanken dann in die Tat um. Die Saturn/Neptun-Konjunktion ist Teil des Lebensmuster dieser Menschen, und wenn sie durch einen Transit eines äußeren Planeten aktiviert wird, verlangt sie Aufmerksamkeit. Wenn du als beratender Astrologe tätig bist, wirst du die Entdeckung gemacht haben, daß zu bestimmten Zeiten viele Menschen mit gleichem Geburtsjahr oder gleichen Horoskop-Faktoren zu dir kommen – nämlich dann, wenn Transite der äußeren Planeten hinsichtlich dieser Konstellationen bevorstehen. Wenn du dem, was dir die ersten dieser Leute sagen, aufmerksam zuhörst, wirst du wissen, was die Botschaft des Transits ist. Schon beim ersten Kontakt kannst du etwas darüber herausfinden, wie das Beste aus ihm zu machen ist.

Um etwas über das Wesen eines Transits herauszubekommen, der für einige Jahre Bestand hat oder hatte, kannst du auch untersuchen, was zu der betreffenden Zeit in der Welt geschah. Du mußt dies dann auf das Individuum übertragen. Wir können das Geburtshoroskop auch als ein Mundan-Horoskop für die betreffende Zeit auffassen, und die Atmosphäre, die in der Welt gerade herrschte, hat natürlich die Verhaltensweise der zu dieser Zeit Geborenen geprägt. Ein Beispiel hierfür ist die Saturn/Pluto-Konjunktion der Jahre 1946 – 48, welche sich im Zeichen Löwe ereignete. Das Zeichen Löwe ist auf das Äußere gerichtet und hat etwas Dramatisches. Historisch betrachtet, war dies das Ende des Zweiten Weltkrieges, eine Zeit, in der die Welt sich radikal veränderte und Macht und Stärke immer wichtiger wurden. Eine Auswirkung hiervon war die Aufteilung Deutschlands. Das Land wurde in Sektoren aufgeteilt, die unter der Protektion der siegreichen alliierten Mächte standen. Gesetze und Verordnungen (Saturn) wurden erlassen (Saturn und Pluto) und Deutschland tiefgreifend verändert (Pluto). Für Menschen, die in diesen Jahren geboren wurden, spielt Macht und/oder Veränderung eine wichtige Rolle im Leben, was sich insbesondere dann bemerkbar macht, wenn die Planetenverbindung durch einen Transit aktiviert ist. Weil sich die Konjunktion im Zeichen Löwe ereignet hat, können wir davon ausgehen, daß das Thema Macht im Leben dieser Menschen auf deutlich sichtbare Weise zum Ausdruck kommt.

Wenn wir hier den Vergleich zu der Saturn/Pluto-Konjunktion der Jahre 1981 – 83 im Zeichen Waage ziehen, sehen wir eine ganz andere Auswirkung. Das Zeichen Waage hat mit Frieden und Harmonie zu tun, und das, was mit Macht zusammenhängt, kam nun auf weniger bestimmte Weise zum Ausdruck. Der Protest gegenüber den Autoritäten erfolgte zu dieser Zeit in Form von Sit-ins und Menschenketten – im Gegensatz zu den machtvollen Drohgebärden der Nachkriegszeit. Menschen mit einer Saturn/Pluto-Konjunktion im Zeichen Waage haben in ihrem Leben auf subtilere Weise mit den Themen Macht und Transformation zu tun.

Zu vollständig anderen Auswirkungen kam es, als in den 60er Jahren Uranus in Konjunktion zu Pluto stand. Diese Jahre waren von Rebellionen in den Städten gekennzeichnet. Die saturnische Kontrolle und Ordnung wurde nun durch die unberechenbaren und revolutionären Tendenzen Uranus ersetzt. Die Saturn/Pluto-Konjunktion – in welchim Zeichen sie auch stattfindet – ist von einer langsamen, aber stetigen Bewegung in eine bestimmte Richtung hin geprägt (die vor allem von den Menschen getragen wird, die mit einer Saturn/Pluto-Verbindung geboren sind). Dagegen besteht unter der Uranus/Pluto-Konjunktion die Neigung zu spontanen Machtdemonstrationen oder plötzlicher Veränderung.

Es gibt natürlich viele Beispiele, die hierfür herangezogen werden könnten – allerdings wäre dies das Thema eines anderen Buches. An dieser Stelle soll der Hinweis genügen, daß wir Erkenntnisse über einen Menschen gewinnen können, wenn wir die gesellschaftlichen Umstände zur Zeit seiner Geburt untersuchen. Diese Untersuchung kann uns vor Augen führen, was der Mensch braucht und was er unter bestimmten Transiten für Erfahrungen macht.

Die dritte Kategorie der Aspekte läßt die Bedeutung des Individuellen erkennen. Sie nimmt die ersten zwei Kategorien auf und verbindet sie mit den persönlichen Planeten und Punkten des Horoskops. Die Transite dieser Kategorie ereignen sich nicht zu einem bestimmten Alter oder in einem bestimmten Jahr – sie betreffen nur das Individuum. Wenn du das Uranus/Uranus-Quadrat erlebst, teilst du diese Erfahrung mit allen Menschen, die im gleichen Zwei-Jahres-Abschnitt wie du geboren sind. Wenn sich weiterhin in deinem Horoskop eine Uranus/Jupiter-Konjunktion findet, wird der Transit-Uranus zugleich im Quadrat zum Geburts-Jupiter stehen – wie bei allen anderen, die im Zeitraum von einigen Monaten vor oder nach dir geboren sind. Die Uranus/Jupiter-Konjunktion in Opposition zu deiner Sonne oder Venus aber ist schon ein individueller Faktor – nur Menschen, die um deinen Geburtstag herum zur Welt gekommen sind, weisen diese Konstellation auf. Und noch individueller wird es, wenn die Häuser ins Spiel kommen.

Jeder Transit symbolisiert etwas Allgemeingültiges. Die Information, die er liefert, ist hilfreich – sie muß allerdings für jeden Menschen gemäß seines Geburtshoroskops individuell interpretiert werden. Die Interpretation des Geburtshoroskop enthüllt, wie das Wesen der Person beschaffen ist. Diese Erkenntnis ist Voraussetzung dafür, die durch die Transite gelieferten Informationen auch wirklich nutzen zu können. Ein Beispiel: Bestimmt würdest du einem Menschen mit einer Luftbetonung dazu raten, sich Gedanken dazu zu machen, wie er konkret tätig werden kann. Möglicherweise würde dieser Mensch von sich aus niemals aktiv werden, oder die Resultate seiner Arbeit wären alles andere als befriedigend. Neben dem Verständnis des Wesen der Person ist das Wissen um die Lebensumstände wichtig. Je genauer du weißt, was gerade los ist oder was früher geschah, desto besser kannst du beraten und desto klarer wird werden, worum es geht.

Du solltest dir über die positiven und die negativen Begleitumstände der Transite im klaren sein. Vielleicht kommt es bei dir zunächst zu einer negativen Auswirkung – aus dem Grund, daß du noch keine Gelegenheit gehabt hast, die positive Seite zur Entwicklung zu bringen. Vielleicht meinst du auch, dich in die richtige Richtung zu bewegen, und trotzdem ereignen sich unangenehme Vorfälle. Wie dem auch sein mag – kein Fall ist hoffnungslos. Möglicherweise entdeckst bei der Überprüfung der Situation, daß nur kleine Veränderungen angebracht werden müssen. Du mußt dir immer darüber im klaren sein, daß Transite *Umstände* – und nicht Resultate – beschreiben. Sie stehen für eine Kraft, die du zum Erreichen von Zielen benutzen kannst.

Es ist unmöglich, in einem Buch Transite so zu beschreiben, daß sie sofort auf jedes Horoskop angewendet werden könnten. Die Berücksichtigung des Geburtshoroskops sowie die Art und Weise, wie der Transit bestmöglich genutzt werden kann, sind also deine Sache. Gegenstand dieses Buches ist die allgemeine Bedeutung sowie der Zweck der Transite auf den verschiedenen Ebenen. Es geht um das Aufzeigen von Möglichkeiten, um hinsichtlich der angesprochenen Themen positive Resultate herbeizuführen. Mit den hier gegebenen Informationen wirst du ein erweitertes Verständnis der Transite erlangen und diese auf eine konstruktive Weise nutzen können.

Kapitel 1

Mond, Sonne, Merkur, Venus

Zeit ist ein wichtiger Faktor, wenn es um ein effektives Vorgehen im Hinblick auf die Informationen geht, die uns die Transite liefern. Wir beginnen deshalb mit der täglichen Bewegung und der Umlaufszeit jedes Planeten sowie der Dauer der Transite. Danach diskutieren wir, wie wir die diesbezüglichen Informationen nutzen können. Der Mond, die Sonne, Merkur und Venus werden zusammen in einem Kapitel behandelt, weil die Auswirkungen ihrer Transite für gewöhnlich weniger wichtig als die der anderen Planeten sind. Die Sonne, Merkur und Venus können häufig als Einheit betrachtet werden - sie stehen am Himmel niemals weit voneinander entfernt.

☽ *Der Mond*

Der Mond-Zyklus hat eine Umlaufszeit von mehr oder weniger genau 29 Tagen. In etwa zweieinhalb Tagen durchläuft der Mond einen Bereich von 30 Grad, was bedeutet, daß es alle zweieinhalb Tage zu einem 30-Grad-Aspekt zu allen Planeten beziehungsweise Punkten des Horoskops kommt. Die Wirksamkeit eines Transits (mit einem Grad vor und einem Grad nach dem exakten Ort) erstreckt sich über einen Zeitraum von etwa fünf Stunden. Oftmals verstreichen Mond-Transite, ohne daß wir uns ihrer bewußt werden –

sie gehen rasch vorüber oder werden als Laune angesehen. Für sich allein zeigen sie kaum jemals große Geschehnisse an.

Mond-Transite bekommen in Krisenzeiten ein größeres Gewicht. Das hat seinen Grund darin, daß zu solchen Zeiten den Einzelheiten mehr Aufmerksamkeit geschenkt wird. Es ist nicht notwendig, jeden Mond-Transit aufmerksam zu verfolgen – vielleicht hast du aber das Bedürfnis, dies in einer Phase zu tun, in der deine Emotionen für dich sehr wichtig sind, oder dann, wenn du eine Veränderung herbeiführen willst. Es ist möglich, daß es unter dem Mond-Transit zu Problemen im Zusammenhang mit dem Planeten kommt, den der Mond aspektiert, oder daß er mit Veränderungen im Hinblick auf einen bestimmten Lebensbereich – verkörpert durch das Haus, das er durchläuft – einhergeht. Wenn du zum Beispiel für einen Klienten die Planetenstände für den Tag heraussuchst, an dem er wegen einer Scheidungssache vor Gericht erscheinen muß, könnte es sinnvoll sein, auch die Mond-Transite zu berücksichtigen. Du könntest weiterhin notieren, wann der Mond im Transit in ein Haus kommt und daraufhin in Übereinstimmung mit deinen Emotionen und Gefühlen etwas dazu Passendes unternehmen. Hierzu käme in Frage:

☽ 1 ***Mond im 1. Haus:*** Tu' etwas, was dein Selbst befriedigt und was dich emotional stärkt.

☽ 2 ***Mond im 2. Haus:*** Unternimm Anstrengungen im Hinblick darauf, dein Einkommen zu erhöhen oder das Gefühl deines Selbstwertes zu steigern.

☽ 3 ***Mond im 3. Haus:*** Unternimm eine Kurzreise oder unterhalte dich mit deinen Nachbarn oder Geschwistern.

☽ 4 ***Mond im 4. Haus:*** Lade andere zu einem Abendessen zu dir ein oder mach etwas anderes bei dir zu Hause.

☽ 5 ***Mond im 5. Haus:*** Mach' dir Gedanken zu einem romantischen Abend, setze etwas aufs Spiel oder unternimm etwas mit deinen Kindern.

☽ 6 ***Mond im 6. Haus:*** Mach' dich daran, etwas zu erledigen, worauf du stolz sein kannst. Achte auf deine Gesundheit!

☽ [7] ***Mond im 7. Haus:*** Besprich emotionale Probleme mit deinem Partner. Zeige den Menschen, mit denen du zusammenbist, deine Gefühle.

☽ [8] ***Mond im 8. Haus:*** Bemühe dich um einen Kredit oder beteilige dich an einem Gemeinschaftsunternehmen, das dich in Kontakt zu inneren Reserven kommen läßt.

☽ [9] ***Mond im 9. Haus:*** Unternimm eine lange Reise, melde dich für einen Kurs an oder gehe in die Kirche.

☽ [10] ***Mond im 10. Haus:*** Der Mond steht auch für die Öffentlichkeit – du könntest jetzt den anderen etwas bekanntgeben und dadurch deine Karriere fördern.

☽ [11] ***Mond im 11. Haus:*** Tritt in eine Arbeitsgruppe ein oder werde aktiv für eine Sache, die dich emotional berührt.

☽ [12] ***Mond im 12. Haus:*** Beschäftige dich mit deinen Gefühlen oder beginne mit der Arbeit für eine wohltätige Institution. Dies könnte dir innere Zufriedenheit verschaffen.

Der Mond hat auf das Leben der Menschen unterschiedlich starke Auswirkungen. Wenn du ein krebsbetonter Mensch bist oder der Mond in deinem Horoskop an einer wichtigen Stelle steht, werden die Mondphasen und -Transite für dich deutlich in Erscheinung treten. So wichtig Mond-Transite manchmal auch sein mögen – du solltest dich nicht so sehr auf sie konzentrieren, daß dir der Blick für das Gesamtbild des Lebens verloren geht.

☉ *Die Sonne*

Für sich allein betrachtet, sind Transit-Aspekte von der Sonne zu deinem Horoskop weniger kritisch als die der äußeren Planeten. Die Sonne durchläuft den Tierkreis einmal im Jahr. Sie vollführt jeden Tag eine Bewegung zwischen 57 und 62 Minuten, und sie befindet sich ungefähr 48 Stunden im Aspekt-Orbis. Sonnen-Transite können bedeuten, daß Dinge im Zusammenhang mit dem aspektierten Planeten oder Horoskop-Punkt ins Licht rücken, oder daß etwas Aufmerksamkeit verlangt, was mit dem Haus zu tun hat, durch das die Sonne läuft oder das von ihr beherrscht wird. Sonnen-Transite werden manchmal in Zusammenhang mit dem körperlichen Energiepegel gebracht. Ich habe eine Klientin, die unter Allergien litt, welche nicht nur unangenehm waren, sondern sie regelrecht entkräfteten. Diese Allergien traten jedes Jahr für ein paar Tage im Frühling und im Herbst auf, und irgendwann kamen wir darauf, daß sie mit den Transit-Aspekten der Sonne zu ihrer Mars/Saturn-Konjunktion einhergingen. Wir besprachen dann, was die Klientin anderes tun konnte, als sich mit diesem Transit ins Bett zu legen. Sie entschied sich dafür, diese Perioden zu benutzen, aktiv zu werden (Mars) und etwas zu vollbringen (Saturn), um damit Anerkennung zu gewinnen (Sonne). Seit einigen Jahren setzt sie dies nun in die Tat um. Sie ist zwar nicht weltberühmt geworden und die Beschwerden haben sich auch nicht in Luft aufgelöst – sie muß sich jetzt aber nicht mehr mit Gefühlen der Ohnmacht auseinandersetzen, wenn der Transit näherrückt.

Von der Erde aus gesehen, sind Merkur und Venus nie weit von der Sonne entfernt. Diese drei Himmelskörper stehen zwar im allgemeinen nicht so dicht zusammen, als daß wir von einer Konjunktion reden könnten – aufgrund ihrer Nähe aber sind sie in gewisser Weise als Einheit zu behandeln.

☿ *Der Merkur*

Der Merkur kann sich bei maximaler Geschwindigkeit etwas mehr als zwei Grad pro Tag bewegen – mit der Auswirkung, daß seine Transite für weniger als zwei Tage wirksam sind. Merkur steht für Kommunikation und/oder geistige Aktivität. Wenn ein Merkur-Transit zu Saturn bevorsteht, liefert dir das die Information, daß du nun über ernsthafte Dinge reden oder etwas Wichtiges zu Papier bringen kannst. Die Phase der Rückläufigkeit von Merkur ist keine günstige Zeit, um Verträge zu unterzeichnen oder auf bestimmte Weise aktiv zu werden – insbesondere im Hinblick auf merkurische Aktivitäten. Diese Zeit eignet sich eher dazu, Forschungen zu betreiben, Details zu einem Bild zusammenzufügen oder um umfassende Pläne zu machen. Du kannst allerdings auch eine Entscheidung treffen, wenn Merkur rückläufig ist – du solltest aber dann damit rechnen, daß du immer wieder Änderungen an deinen Plänen vornehmen mußt. Wenn du dir dessen bewußt bist, muß für dich beim rückläufigen Merkur die Welt nicht stehenbleiben.

♀ *Die Venus*

Die Venus ist der Planet des Vergnügens und der Geselligkeit, und Venus-Transite können bedeuten, daß du zusammen mit anderen vergnügliche Dinge unternimmst. Es könnte sein, daß du während dieser Zeit nicht besonders fleißig bist – möglicherweise läßt dich nun gehen und gibst dich der Faulheit hin. Weil die Venus sich aber so schnell bewegt (bis zu 76 Minuten pro Tag), lohnt es wegen der Kürze der Zeit im allgemeinen nicht, sich hier Vorwürfe zu machen. Schließlich tut es uns nur gut, einmal von den Härten des Alltags auszuspannen.

Beachte die Transite von Sonne, Merkur und Venus, beschränke dich aber nicht auf sie. Wenn du das tust, könnte es sein, daß du nicht verstehst, worin die Botschaft des betreffenden Zeitraums liegt. Im Transit bringt die *Sonne* einen bestimmten Planeten oder Bereich in den Blickpunkt, *Merkur* bedeutet Kommunikation und *Venus* Geselligkeit – der Transit dieser drei Planeten ist also in gewisser Weise die Auseinandersetzung mit deinen Mitmenschen im Hinblick auf einen bestimmten Lebensbereich, angezeigt durch das Haus, in dem der Transit stattfindet.

Die lunare und die solare Wiederkehr

Es gibt Techniken, welche auf dem Transit der Sonne und/oder des Mondes beruhen, die für einen Zeitraum gelten, der die Dauer des Transits übersteigt.

Eine davon ist die ***lunare Wiederkehr*** (auch Lunar-Horoskop genannt). Es handelt sich dabei um ein Horoskop, das für den Augenblick erstellt wird, in dem der Mond wieder die Stellung einnimmt, die er im Geburtshoroskop hat. Die lunare Wiederkehr beschreibt den Hintergrund oder auch die Tönung deines Lebens in dem betreffenden Zeitraum. Sie kann dir dabei helfen, dich auf die Geschehnisse dieses Monats einzustellen, und dir Ideen zum Ausdruck von bestimmten Energien vermitteln.

Das Haus, in dem der Mond im Lunar-Horoskop zu stehen kommt, ist für diesen Monat sehr wichtig. Es zeigt den Lebensbereich, auf den du zu dieser Zeit Aufmerksamkeit richten solltest.

Die von den Planeten verkörperten Energien kommen am deutlichsten in den von den Häusern angezeigten Bereichen zum Ausdruck. Dies bietet für dich Chancen. Wenn zum Beispiel im Lunar der Saturn im 4. Haus steht, könntest du dich passiv verhalten und dir Gedanken dazu machen, wer oder was dich beschränkt – oder aber hart an dir arbeiten und die Dinge in Ordnung bringen.

Planeten, die weniger als fünf Grad von einem Eckpunkt des Lunars entfernt stehen, haben für den betreffenden Zeitraum einen dominierenden Einfluß. Sie beschreiben Qualitäten, die diesen Monat prägen. Nehmen wir einmal an, daß in deinem Lunar Uranus im 10. Haus steht. Du könntest dann deine Arbeitsstelle wechseln oder aber die Erfahrung machen, daß sich beruflich etwas Unvorgesehenes ereignet. Wenn Uranus in Konjunktion zum MC steht, werden Spontanität und Veränderung in jeder Beziehung wichtig für dich sein. Du könntest uranische Prinzipien dadurch zum Ausdruck bringen, daß du ein kreatives Projekt auf die Beine stellst oder neue und aufregende Aktivitäten unternimmst. Je mehr Planeten an den Eckpunkten stehen, desto wahrscheinlicher ist es, daß es sich um einen von Aktivität geprägten und denkwürdigen Monat handelt. Gleichermaßen von großer Aussagekraft sind Aspekte innerhalb des Lunar-Horoskops (Orbis: fünf Grad) und Aspekte zwischen Lunar- und Geburtshoroskop (Orbis: zwei Grad).

Das Lunar-Horoskop kann aus sich selbst heraus oder aber in Zusammenhang mit dem *Solar-Horoskop* interpretiert werden. Das Lunar-Horoskop bedeutet die Hintergrundfärbung für einen *Monat* – das Solar markiert die Szenerie für das betreffende *Jahr*. Wir könnten auch sagen, daß das Solar einen ganzen Akt des Stückes beschreibt, während das Lunar für eine Szene steht. Wenn du nur wenig Zeit für die Interpretation hast, solltest du dem Solar den Vorzug vor dem Lunar geben.

Das Solar-Horoskop wird für den Moment berechnet, in dem die Transit-Sonne in Konjunktion zu deiner Geburts-Sonne steht – wie es an deinem Geburtstag oder einen Tag davor oder danach der

Fall ist. Es bestehen Meinungsverschiedenheiten darüber, auf welchen Ort das Solar berechnet werden sollte. Einige Astrologen sind der Ansicht, daß es auf den Geburtsort berechnet werden muß. Andere meinen, daß es für den Ort, an dem du dich zu diesem Zeitpunkt tatsächlich aufhältst, zu erstellen ist. Wieder andere vertreten die Meinung, daß es – unabhängig davon, wo du dich in dem betreffenden Moment aufhältst oder aufgehalten hast – für den Ort zu errechnen ist, an dem du wohnst. Ich neige aus zwei Gründen zu der letzten Ansicht. Zum einen scheint es mir, daß die Auswirkungen des Solars schon zwei bis drei Monate vor dem Zeitpunkt, auf den es berechnet ist, in Erscheinung treten – es also zu einer Überlappung mit dem vorherigen Solar kommt. Insofern spielt der tatsächliche Aufenthaltsort keine Rolle. Und zum zweiten wirst du, wenn du nach dem Umzug ein Solar auf den neuen Ort berechnest, die Feststellung machen, daß sich dein Leben verändert hat – was sich in dem neuen Solar widerspiegelt.

Die folgenden Punkte sollten bei der Interpretation des Solars berücksichtigt werden:

- Die Häuser, in denen die Planeten, die Mondknoten und der Glückspunkt* stehen
- Die Qualität und die Zeichen der Achsen
- Planeten in Konjunktion zu den Eckpunkten (Orbis: fünf Grad)
- Aspekte und Aspektmuster innerhalb des Solars
- Aspekte zwischen Solar- und Geburtshoroskop (Orbis: zwei Grad)

Du kannst auch die Geburts-Planeten und -Punkte um das Solar herum eintragen und diese im Hinblick auf die Solar-Häuser interpretieren, in die sie dann fallen. Ein Beispiel: Wenn Uranus im Solar im 7. Haus steht und der Geburts-Uranus im Solar ins 4. Haus fällt, sind Veränderungen und der Drang nach Freiheit sowohl im Bereich von Beziehungen als auch im Zuhause zu erwarten.

Das Solar beschreibt weniger die Persönlichkeit als die allgemeinen Energien und Erfahrungen im Hinblick auf die Planeten und betroffenen Lebensbereiche. Wenn dein Mond im Zeichen Krebs

* Der Glückspunkt wird wie folgt berechnet: Aszendent (alle Werte in absoluter Länge ausgedrückt) plus Mond minus Sonne. Bei Nachtgeburten empfehlen einige Astrologen die Rechnung Aszendent plus Sonne minus Mond.

steht und der Solar-Mond ins Zeichen Steinbock fällt, heißt das nicht, daß deine Gefühle dieses Jahr automatisch und ausschließlich auf das Praktische und auf Pflichterfüllung ausgerichtet sind. Es werden sich Dinge ereignen, die dich mit diesen Themen in Verbindung bringen. Wenn zum Beispiel der Steinbock-Mond im Solar ins 6. Haus fällt, könnten die Gefühle deiner Mitarbeiter oder Untergebenen für dich zum Thema werden, und vielleicht bist du gezwungen, dich auf praktische Weise mit diesen auseinanderzusetzen. Diese Art der Betrachtung scheint für die persönlichen Planeten zutreffend zu sein – für die äußeren Planeten gilt dies nicht, aus dem Grund, daß sie sich über lange Zeit hinweg im gleichen Zeichen aufhalten. Was das Solar-Horoskop angeht, steht Neptun für etwa 14 Jahre im gleichen Zeichen. Es handelt sich hier um einen aussagekräftigen Faktoren für die Gesellschaft, weniger für das Individuum. Das heißt also für das Solar:

Die Planeten-Energien hinsichtlich der Häuser sind wichtiger als die der Zeichen.

☉ S — Das ***Sonnen-Haus*** im Solar (die Solar-Sonne steht natürlich in Konjunktion mit der Geburts-Sonne) zeigt einen in diesem Jahr sehr wichtigen Lebensbereich. Im Geburtshoroskop zeigt das Sonnen-Haus, wo der Mensch «strahlen» kann. Im Solar-Horoskop symbolisiert diese Stellung, in welchem Bereich die Dinge ans Licht kommen oder wo wir auf uns aufmerksam machen werden.

☽ S — Das ***Mond-Haus*** des Solars zeigt, wo es vielleicht zu Veränderungen kommt, wo sich Kontakte zu anderen ergeben können und welche emotionalen Erfahrungen möglich sind.

☿ S — ***Merkur*** im Solar zeigt, in welchem Bereich Kommunikation wichtig sein wird oder welche Themen in den Blickpunkt geraten könnten.

♀ ♃ S — Mit ***Venus*** und ***Jupiter*** mußt du dich hinsichtlich des Solars vor Exzessen hüten und Maß halten. Du darfst dich jetzt nicht zu sehr verwöhnen. Die Energien, um die es hier geht, können in den betreffenden Lebensbereichen für Genuß (Venus) und Weiterentwicklung (Jupiter) eingesetzt werden.

♂ S

Mars im Solar zeigt, wo du die Initiative ergreifen solltest oder dich darum kümmern mußt, dich zu behaupten. In den betreffenden Lebensbereichen kann es zu den verschiedensten Arten von Aktivität kommen.

♄ S

Saturn im Solar bringt zum Ausdruck, wo es möglicherweise zu Umwegen oder Hindernissen kommt. In den mit dem Haus zusammenhängenden Bereichen sollte die eigene Position gestärkt beziehungsweise die Situation geklärt werden. Ich hatte einmal eine Studentin, die mit Eheproblemen zu kämpfen hatte. In ihrem derzeitigen Solar fiel Saturn in das 7. Haus. An dem Tag, als sie dies entdeckte, rief sie mich an und sagte: »Ich möchte nicht, daß meine Ehe endet – zeigt aber Saturn im 7. Haus nicht das Ende der Beziehung an?« Ich sagte ihr, daß das so sein *kann* – daß es sich hier aber auch um eine günstige Zeit handelt, die Beziehung wieder in Ordnung zu bringen. Die Wahl lag bei ihr und bei ihrem Mann. In diesem Jahr gingen die beiden zu einem Eheberater, und ihre Beziehung wurde wieder besser.

♅ S

Uranus im Solar zeigt den Bereich, in dem sich Veränderungen ergeben oder in dem du zu einer anderen Einstellung gelangst. Du solltest dich hier um Flexibilität bemühen und darauf gefaßt sein, daß unvorhersehbare Dinge geschehen. Du könntest aber auch deinerseits auf dem entsprechenden Gebiet für Anregungen sorgen.

♆ S

Neptun im Solar kann den Bereich bezeichnen, in dem wir zu Selbsttäuschungen und Verwirrung sowie dazu neigen, betrogen zu werden. Nichtsdestotrotz sollten wir aber hier nach Höherentwicklung streben. Mit Neptun kann die Neigung bestehen, die Fantasie durchgehen zu lassen – hüte dich also davor, auf Spekulationen hin aktiv zu werden. Wenn du dich mit den unklaren Situationen auseinandersetzt, wirst du vielleicht die Entdeckung machen, daß es keine tragfähige Basis für dich gegeben hat. Möglicherweise klärst du aber auch die Situation, indem du dich aktiv um Erkenntnis bemühst.

♇ S

Pluto im Solar zeigt, wo es zu transformierenden Veränderungen kommen kann. Ebenfalls möglich wäre hier die Auseinandersetzung mit Macht und/oder Autoritätspersonen. Du mußt alle Vorfälle, die mit dem betreffenden Lebensbereich zusammenhängen, gründlich untersuchen. Bestimmte Dinge werden nun ans Tageslicht kommen, und durch deren Erforschung könntest du einen gewissen Einfluß erlangen. In diesem Bereich gilt es jetzt, alles abzulegen, was deinen Fortschritt behindert.

⊗ S

Neben den Planeten ist auch die Stellung des ***Glückspunktes*** und die der ***Mondknoten*** in den Häusern des Solars von Interesse.
Der *Glückspunkt* zeigt den Lebensbereich, in dem wir bestrebt sein sollten, an unserer Vervollkommnung zu arbeiten. Fällt er ins 1. Solar-Haus, suchst du nach persönlicher Vervollkommnung, steht er im 7., könntest du Erfüllung durch einen Partner finden, und so weiter.

☊ ☋ S

Die Achse der *Mondknoten* enthüllt zwei Bereiche, in denen die Verbindung mit anderen im Vordergrund steht. Du könntest hier den Wunsch haben, durch Kontakte im Hinblick auf die betreffenden Bereiche gefördert zu werden. Wenn du beispielsweise ein Schriftsteller bist und die Mondknoten im Solar in die Häuser 3 und 9 fallen, könntest du etwas schreiben (3. Haus) und es zur Veröffentlichung freigeben (9. Haus).

AC MC S

Die Analyse der **Aszendent/Deszendent- und der MC/IC-Achse** des Solar-Horoskops gibt weitere Aufschlüsse. Sie zeigt die Art und Weise, auf die die wir handeln sollten.
Die Achsen des Solars in kardinalen Zeichen sind der Hinweis darauf, daß es sich um ein Jahr handelt, in dem etwas beginnt.
Stehen die Achsen im Solar in fixen Zeichen, heißt das, daß du dich um Konsolidierung bemühen oder an den Dingen arbeiten solltest, die du vor diesem Jahr angefangen hast.

Die Achsen des Solars in veränderlichen Zeichen besagen, daß du nun etwas zu Ende führen solltest. Mit dieser Stellung hast du vielleicht auch das Gefühl, für andere dasein und Rücksicht nehmen zu müssen, bevor du aktiv werden kannst. Wenn die beiden Achsen nicht in die gleiche Qualität fallen, muß du die Aussagen kombinieren. Die Aszendent/Deszendent-Achse beschreibt das betreffende Jahr im Hinblick auf das Persönliche, die MC/IC-Achse steht für den Kontakt mit der Außenwelt.

Das Aszendenten-Zeichen im Solar zeigt Eigenschaften, die du in dem betreffenden Jahr zum Ausdruck bringen solltest.

Solar-Aszendent ***Widder:*** Sei selbstbewußt und ergreife die Initiative.

Solar-Aszendent ***Stier:*** Arbeite an deinen Zielen – insbesondere an denjenigen, die dir Vergnügen bereiten.

Solar-Aszendent ***Zwillinge:*** Sei gesellig und kommunikativ und so flexibel wie möglich.

Solar-Aszendent ***Krebs:*** Der Schwerpunkt liegt jetzt auf dem Nährenden und/oder auf dem Zuhause. Vielleicht mußt du dich in diesem Jahr mit der Frage beschäftigen, ob du es dir oder anderen behaglich machen kannst.

Solar-Aszendent ***Löwe:*** Es besteht der Drang nach Anerkennung. Ein Jahr, in dem du nicht Teil der Menge bist, sondern eine herausragende Stellung hast.

Solar-Aszendent ***Jungfrau:*** Eine gute Zeit, um Dinge zu organisieren, Details zu erkunden oder an einem Hilfs- oder Dienstleistungs-Projekt mitzuarbeiten.

Solar-Aszendent ***Waage:*** Deine Beziehung und/oder die Art und Weise, wie du dich mit anderen verbindest, steht jetzt im Brennpunkt. Vielleicht mußt du daran arbeiten, zwischen dem Ich und dem Du eine neue Balance zu schaffen.

Solar-Aszendent ***Skorpion:*** Analysiere so gründlich wie nur möglich, was für dich wichtig ist.

Solar-Aszendent ***Schütze:*** Das Bedürfnis nach Reisen, Freiheit und – auf welche Weise auch immer – Erweiterung des Horizontes.

Solar-Aszendent ***Steinbock:*** Eine Ausrichtung auf Karriere beziehungsweise Erfolg; der Wunsch, die Welt zu beeindrucken.

Solar-Aszendent ***Wassermann:*** Eine Zeit, in der du deine Unabhängigkeit unter Beweis stellen und dich von Beschränkungen freimachen solltest.

Solar-Aszendent ***Fische:*** Ein Jahr, in dem du geben und dich anderen gegenüber bescheiden zeigen solltest. Auch künstlerische oder spirituelle Aktivitäten wären denkbar. Wenn du anderen freiwillig hilfst, kannst du es vielleicht vermeiden, ausgenutzt zu werden.

Es gibt natürlich noch viele andere Auswirkungsmöglichkeiten. Das Geburtshoroskop und die anderen Faktoren des Solars müssen in die Betrachtung einbezogen werden.

Aspekte und herausragende Planeten-Konstellationen des Solars können schwierige Probleme dieses Zeitraums beschreiben, was zunächst einmal generell für alle gilt. Ganz besonders aber sind die Menschen betroffen, bei denen diese Konstellationen eine Verbindung zum Geburtshoroskop aufweisen. Die Transit-Aspekte bestehen innerhalb eines gegebenen Orbis für eine längere Zeit, möglicherweise über Monate oder sogar Jahre hinweg, und sie erscheinen in allen Solar-Horoskopen, die für einen Zeitpunkt dieser Phase erstellt werden. Nehmen wir einmal an, daß der Transit-Uranus im Quadrat zum Transit-Saturn steht. Wenn wir von einem Orbis von einem Grad ausgehen, ist dieser Aspekt über Wochen hin exakt, und er erscheint in allen Solaren, die für einen Zeitpunkt in dieser Periode berechnet werden. Das würde bedeuten, daß alle Menschen mit dem Geburtstag in diesem Zeitraum in ihrem Solar den Widerspruch zwischen Freiheit (Uranus) und Verantwortung (Saturn) erleben. Gesetzt den Fall, daß es zwischen diesem Quadrat und deinem Geburts-Mond zu einem T-Quadrat kommt, würden hiervon deine Emotionen unmittelbar beeinflußt sein. Vielleicht würde sich dann aber auch für dich ein ständiger Wechsel zwischen Pflichterfüllung und dem Ausdruck deiner Freiheit ergeben. Wer auf der anderen Seite von seinem Geburtshoroskop her keine Verbindung zu diesem mundanen Saturn/Uranus-Quadrat hat, wird in diesem Zusammenhang weniger aufregende oder dramatische Erfahrungen machen.

Planeten, die an den Eckpunkten des Solars stehen (Orbis: 5 Grad), sind ein Hinweis auf die Art von Energie, die in dem betreffenden Ein-Jahres-Zeitraum dein Leben prägt. Das gilt zunächst einmal ganz allgemein - die Stellung liefert uns aber noch weitere Informationen. Mit dem Jupiter an einem Eckpunkt ist ein Jahr des Wachstums und der Entwicklung zu erwarten. Ergibt sich die Konjunktion zu dem Eckpunkt aus dem 1. Haus heraus, betrifft das Wachstum deine Persönlichkeit. Steht der Jupiter im 4. Haus, nutzt du vielleicht die Zeit dazu, dein Haus zu vergrößern. Befindet er sich im 7. Haus, entschließt du dich möglicherweise zur Heirat. Jupiter im 10. Haus im Solar könnte heißen, daß du um eine Gehaltserhöhung nachsuchst.

Auf die eine oder andere Weise wird sich das Bild, das im Solar-Horoskop angelegt ist, in dem betreffenden Zeitraum entfalten. Du kannst es gewissermaßen als Stilleben ansehen, als etwas, das du betrachtest, um dich auf die Dinge einzustellen, die da kommen werden. Du könntest es aber genauso gut als einen Film auffassen, in dem du mitwirkst – wenn du willst, als Hauptdarsteller, Regisseur und Produzent zugleich.

Lunations- und Finsternis-Horoskope

Um eine bessere Grundlage für deine Pläne zu haben, kannst du noch auf andere Horoskope zurückgreifen, nämlich die der Lunationen und der Finsternisse. Beide werden ebenfalls für den Ort berechnet, an dem du wohnst. Das ***Lunations-Horoskop*** wird für den Moment erstellt, in dem der Mond in Konjunktion oder in Opposition zur Sonne steht. Im Jahr kommt es durchschnittlich dreizehnmal zu diesen Konjunktionen und Oppositionen. Diese Art von Horoskop stellt eine weitere Methode dar, in Erfahrung zu bringen, welches Thema für dich in dem betreffenden Zeitraum von Wichtigkeit sein wird. Das *Finsternis-Horoskop* wird für den Moment berechnet, in dem sich eine Sonnen- oder eine Mond-Finsternis ereignet (was zur Voraussetzung eine Sonne/Mond-Konjunktion oder –Opposition hat und sich vergleichsweise selten abspielt). Das Finsternis-Horoskop umfaßt einen längeren Zeitraum als das Lunations-Horoskop. Es gibt eine Theorie, nach der das Sonnenfinsternis-Horoskop für soviele Monate Gültigkeit hat, wie die Finsternis, in Minuten gemessen, gedauert hat. Beim Mondfinsternis-Horoskop soll die Dauer der Bedeckung, in Minuten gemessen, der Anzahl der Wochen entsprechen.

Es ist hilfreich, Lunations- und Finsternis-Horoskope um das Geburtshoroskop herum aufzuzeichnen. Ein Lunations- oder Finsternis-Horoskop, das für deinen Ort berechnet ist, gilt für alle Menschen, die dort wohnen. Das Einzeichnen der Planeten und Achsen in dein Horoskop macht das Ganze zu einer persönlicheren Angelegenheit. Auf diese Weise kannst du sehen, welche Bereiche deines Geburtshoroskops betroffen sind und wie es um den Zusammenhang zwischen dem Lunations- oder dem Finsternis-Horoskop und deinem Geburtsbild bestellt ist.

Unter dem *Neumond* kannst du neue Dinge auf den Weg bringen – zur Kulmination wird es dann kommen, wenn *Vollmond* ist. Im Laufe der Monate werden deine Handlungen Resultate zeitigen. Wenn du eine kleinere Arbeit erledigen möchtest, könntest du die dafür notwendige Organisation auf das betreffende Lunations-Horoskop abstimmen. Nehmen wir zum Beispiel an, daß du Vorbereitungen für eine Reise nach Amerika triffst. Du könntest dann für die Abreise oder aber für die Planungen den Tag des Neumondes wählen – was speziell dann günstig wäre, wenn die Sonne/Mond-Konjunktion in dein 9. Haus fallen würde. Wenn im Lunations-Horoskop Saturn in das 7. Haus fällt, mußt du dich vielleicht mit dem Widerstand deines Partners auseinandersetzen. Um das zu vermeiden, solltest du ihm von vornherein alles sagen und ihn vielleicht auch in die Planung miteinbeziehen. Auf die gleiche Weise könntest du die anderen Planeten berücksichtigen, insbesondere im Hinblick auf Aspekte zwischen dem Lunations- und deinem Geburtshoroskop. Du kannst vielerlei Informationen und Hilfestellungen aus dieser Art von Horoskop gewinnen.

Finsternis-Horoskope gelten für längere Zeiträume. Astrologen gehen davon aus, daß Finsternisse den Menschen stark beeinflussen, was um so mehr gilt, wenn zwischen der Sonne beziehungsweise dem Mond aus diesem Horoskop und dem Geburtsbild enge Aspekte bestehen. In der Vergangenheit war die Einstellung gegenüber diesen Horoskopen eher negativ. Es wurde erwartet, daß sich schreckliche Dinge ereigneten, und alles mögliche wurde herangezogen, um die düsteren Prophezeiungen zu belegen. Die moderne Astrologie ist zwar etwas optimistischer eingestellt, ganz aber ist die negative Haltung zu Finsternissen noch nicht überwunden.

Wenn wir die Transite nutzen können - warum sollten wir nicht zumindest den Versuch machen, die starken Energien der Finsternisse zu unserem Vorteil einzusetzen? Vor Finsternissen pflege ich in meinen Kursen immer eine bestimmte Übung durchzuführen. Wir zeichnen die Planeten, das MC und den Aszendenten der Finsternis um unsere Horoskope ein und entwerfen dann Szenarien. Finsternisse materialisieren sich nicht aus dem Nichts heraus in dem Moment, in dem sie sich ereignen, und ihre Auswirkung verschwinden nicht schlagartig, wenn der Mond oder die Sonne wieder zu sehen ist. Es handelt sich um einen sich allmählich entfaltenden Prozeß, den wir in unseren Planungen berücksichtigen können. Und rückblickend hat sich herausgestellt, daß es gar nicht lange dauerte, bis sich positive Resultate zeigten.

Zuerst solltest du untersuchen, in welches Haus beziehungsweise in welche Häuser des Geburtshoroskops die Finsternis-Sonne und der Finsternis-Mond fallen. Dies zeigt dir, wo in dem betreffenden Zeitraum der Schwerpunkt liegt. Mach dir dann Gedanken dazu, was du in dem damit zusammenhängenden Bereich gerne vollbringen würdest. Ziehe dann die anderen Planeten und die Achsen des Finsternis-Horoskops in Betracht. Widme genauen Aspekten zwischen Finsternis- und Geburtshoroskop besondere Aufmerksamkeit. Natürlich sind diese in gewisser Weise nichts anderes als Transit-Aspekte zu diesem Horoskop. Als Teil des Finsternis-Horoskops aber bekommen sie eine besondere Bedeutung.

Zur Zeit der Finsternis oder kurz davor solltest du gemäß dem, was du dir aufgeschrieben hast, aktiv werden. Es ist überraschend, was für große Auswirkungen dieser kleine Kniff hat. Ich habe mein erstes Buch unter einer Reihe von Finsternissen geschrieben, die in mein 3. und 9. Haus fielen. Jedesmal, wenn es zu einer Finsternis kam, nahm ich mir vor, an dem Buch zu arbeiten – und tatsächlich ist es dann nach einer verhältnismäßig kurzen Zeit erschienen. Es gab natürlich einige Hindernisse, aber insgesamt verlief der Prozeß ziemlich glatt.

Solare, Lunare, Lunations- und Finsternis-Horoskope sind eigentlich nichts anderes als Transite. Sie geben uns den Überblick über einen bestimmten Zeitraum und verschaffen uns die Möglichkeit, mit unseren Ideen den Ablauf der Geschehnisse zu beeinflussen. Es ist aber zu empfehlen, auch die Transite der äußeren Planeten zu betrachten. Auf diese Weise können wir noch mehr Informationen erhalten und Aktivitäten finden, die es uns ermöglichen, die Facetten der Persönlichkeit zur Entwicklung zu bringen oder in bestimmten Phasen das Leben in eine andere Richtung zu lenken.

Kapitel 2

Mars-Transite

Der Mars-Zyklus umfaßt rein rechnerisch 1,88 Jahre. Die maximale Geschwindigkeit von Mars beträgt 46 Minuten pro Tag. Dieser Planet steht durchschnittlich zwei Monate in einem Zeichen. Ein Mars-Transit ist etwa vier Tage lang wirksam – falls es zur Rückläufigkeit kommt, auch länger. Die Auswirkungen, die damit verbunden sind, sind nicht so tiefgreifend wie die bei den äußeren Planeten – sie können aber im Zusammenhang mit dem Transit eines äußeren Planeten Auslöser für übergeordnete Geschehnisse sein.

♂ Mars-Schlüsselfunktion

Initiative, zielgerichtete Aktivität, Selbstbehauptung und aktive Anteilnahme.

Welche Gefühle Mars-Transite hervorrufen können

Weil die Transite von Mars länger dauern als die von Sonne, Mond, Merkur und Venus, können wir mehr Klarheit über die Gefühle und Erfahrungen, die sie bringen, gewinnen. Natürlich ist weder Mars noch irgendein anderer Planet für unser Verhalten «verantwortlich» – es ist nur so, daß sich immer dann, wenn es zu einem Transit kommt, Dinge in unserem Leben ereignen, die mit dem betreffenden Symbolismus in Zusammenhang stehen.

Wenn Mars im Spiel ist, fühlst du dich wahrscheinlich energiegeladen und enthusiastisch und verspürst ein starkes Bedürfnis nach Aktivität oder Selbstbehauptung. Der Energiespiegel könnte jetzt so hoch sein, daß du unter Irritationen, Spannungen, Unruhe und Ungeduld zu leiden hast – wenn du keine Möglichkeit findest, diese Energien zum Einsatz zu bringen. Vielleicht wirst du nun aber auch aktiv, ohne die Folgen zu bedenken, was zu äußerst unangenehmen Situationen führen könnte. Möglicherweise zeigst du dich jetzt sehr leichtsinnig. Ein selbstbewußtes Auftreten deinerseits kann nun, wenn du dir über deine Ziele nicht im klaren bist, erbitterten Widerstand und Aggressionen von anderen hervorrufen.

Wie Mars-Transite genutzt werden können

Hinweise darauf, wie die von Mars repräsentierten Energien nutzbringend eingesetzt werden können, werden gegeben durch die Planeten und Punkte, die mit ihm im Geburtshoroskop im Aspekt stehen, sowie durch das Haus, das er im Transit durchläuft.

Du kannst sicher sein, daß du immer dann, wenn zu deinem Horoskop Mars-Transite bestehen, nicht ruhig herumsitzen wirst. Du solltest diese Zeiten dafür nutzen, Dinge zu vollenden, welche Krafteinsatz erfordern. Du könntest jetzt die Möbel verrücken, die Fenster putzen oder ein Projekt beginnen – ob dies nun Körperkraft erfordert oder nicht. Mars in Konjunktion zu Mars ist die beste Zeit, etwas anzufangen, was zwei Jahre später Früchte bringen soll. Auf diese Weise könntest du den Zyklus in seiner Gesamtheit nutzen und zur Zeit der Quadrate und der Opposition eine Überprüfung der Situation vornehmen. Es wird dir zur Zeit der Sextile und Trigone leichter fallen, die Energie zu kontrollieren – allerdings könnte es sein, daß diese Transite zuwenig Ansporn für das Erreichen von Zielen bedeuten.

Es ist nicht notwendig, daß du für den Mars-Zyklus einen Zwei-Jahres-Plan aufstellst. Dies ist hier nur angeführt für den Fall, daß du gerade zum Zeitpunkt der Konjunktion ein Projekt im Sinn hast, welches sich über zwei Jahre hinziehen könnte. Die Transit-Aspekte des Mars-Zyklus können auch für sich allein betrachtet werden. Du kannst dich zu diesen Zeiten nicht zurückziehen und fünf gerade sein lassen – irgend etwas wird sich immer ereignen, was dich aufschreckt. Das muß aber nicht negativ sein – du kannst nun große Fortschritte erzielen.

♂➤☉ ***Mars-Transite zur Sonne*** legen nahe, daß es jetzt an der Zeit ist, dich selbstbewußt darzustellen und aktiv zu werden, um Anerkennung zu erhalten. Es könnte sein, daß du nun leicht aus der Haut fährst, insbesondere dann, wenn du die betreffenden Energien nicht so bewußt wie nur möglich einsetzt.

♂➤☽ ***Mars-Transite zum Mond*** zeigen, daß du deine Emotionen zum Ausdruck bringen mußt, was dir im Prinzip auch leichtfällt. Unterdrückst du deine Gefühle, könnten sich emotionale Ausbrüche ereignen. Es wäre gut, wenn du dir von vornherein darüber im klaren bist, daß die Dinge jetzt etwas anders laufen könnten. Entscheide dich, was du wirklich willst, und wähle dann den Ort und die Zeit, um dafür aktiv zu werden.

♂➤☿ ***Mars-Transite zum Merkur*** stehen für das Bedürfnis nach Kommunikation. Es könnte sein, daß du nun lauter oder schneller als sonst sprichst. Du solltest dich darum bemühen, dir zu überlegen, was du sagst – oder du wirst immer wieder ins Fettnäpfchen treten. Du könntest dich jetzt sehr ungeduldig im Hinblick auf ein bestimmtes Projekt zeigen, und vielleicht führt das dazu, daß du schlampig arbeitest. Wenn du etwas niederschreibst, läßt du möglicherweise aus Eile Worte oder Gedanken aus. Hier ist anzuraten, immer nur für kurze Perioden zu arbeiten.

♂➤♀ ***Mars-Transite zur Venus*** legen nahe, daß du nun sehr gesellig bist, deine Zuneigung offen zeigst oder dich dazu entschließt, künstlerisch tätig zu werden. Wenn eines deiner Ziele mit Charme leichter zu erreichen ist, könntest du jetzt deine Anziehungskraft oder auch deinen Sex-Appeal spielen lassen. Auf der anderen Seite verhältst du dich nun aber möglicherweise dem anderen Geschlecht gegenüber zu aktiv oder fordernd.

♂▸♃ ***Mars-Transite zu Jupiter*** bedeuten Zeiten, in denen du große Pläne machen oder die Initiative ergreifen kannst, mit dem Effekt, daß du dich weiterentwickelst. Es wäre möglich, daß du dich jetzt zu optimistisch zeigst – nimm nicht mehr auf dich, als du tatsächlich bewältigen kannst. Das gilt zunächst einmal in finanzieller Hinsicht, aber auch ganz allgemein.

♂▸♄ ***Mars-Transite zu Saturn*** stehen für Zeiten, in denen du um Anerkennung für das bemüht bist, was du getan hast. Wenn du nichts Besonderes geleistet hast, wird es zu einer Phase der Frustration kommen. Vielleicht übernimmst du jetzt aber auch mehr Verantwortung. Damit du nicht zuviel zu tragen hast, solltest du versuchen, selbst zu entscheiden, welche Aufgaben und Pflichten du auf dich nimmst.

♂▸♅ ***Mars-Transite zu Uranus.*** Wenn zwischen diesen Planeten ein Transit-Aspekt gegeben ist, bedeutet das eine hochenergetische Kombination. Mars und Uranus haben gemeinsam, daß sie zu Unvorsichtigkeit verführen. Der Geburts-Uranus sehnt sich nach Aufregung, und der Transit-Mars schürt das Feuer noch (umgekehrt braucht der Geburts-Mars Aktivität, und der Transit-Uranus sagt: »Nichts wie los«). Wie dem auch sein mag – du könntest so versessen darauf sein loszulegen, daß du über deine Füße stolperst oder offene Türen einrennst. Konzentriere dich jetzt auf Aktivitäten, die nicht viel Zeit in Anspruch nehmen und bei denen du schnell Resultate sehen kannst. Behalte im Kopf, was du machen willst, und versuche, dich nicht ablenken zu lassen. Mars-Transite zu Uranus können auch Zeiten bedeuten, in denen du dich sehr kreativ zeigst und dich deiner Persönlichkeit gemäß zum Ausdruck bringst.

♂▸♆ ***Mars-Transite zu Neptun*** bieten dir die Gelegenheit, deine Träume und Hoffnungen zur Realität zu machen oder dich spirituell zu bereichern. Wenn du das Gefühl gehabt hast, ausgenutzt oder hintergangen zu werden, solltest du jetzt, wenn Mars ins Spiel kommt, die Dinge zur Sprache bringen.

♂➤♇ ***Mars-Transite zu Pluto*** können Gewalt bedeuten, allerdings zumeist nur dann, wenn du dich der Botschaft dieser Transite verschließt. Diese Verbindung zeigt an, daß du aktiv werden solltest im Hinblick auf Transformation oder Selbstbehauptung. Das Bedürfnis, Macht auszuüben, könnte sehr stark sein, und du fühlst dich vielleicht zu Menschen hingezogen, die in dieser Hinsicht eine Herausforderung für dich bedeuten oder die versuchen, dich für sich arbeiten zu lassen. Es ist wichtig, daß du in dieser Beziehung sehr aufmerksam bist. Du solltest die Situation gründlich analysieren und dich davor hüten, vorschnell aktiv zu werden oder andere zu unterdrücken. Auf diese Weise kannst du sehr bestimmt auftreten und es vermeiden, die Beherrschung zu verlieren.

♂➤☊☋ ***Mars-Transite zu den Mondknoten*** bedeuten, daß die Verbindung zu anderen im Brennpunkt steht. Vielleicht bist du jetzt gefordert, in der Beziehung die Initiative zu übernehmen oder es fehlt dir die Geduld zu warten, bis jemand auf dich zukommt. Wenn du nichts tust und dich zurücklehnst, fühlst du anderen gegenüber möglicherweise Ungeduld oder Groll.

♂➤⊗ ***Mars-Transite zum Glückspunkt.*** Der Glückspunkt hat mit Ganzheit und Erfüllung zu tun, und jeder Transit zu ihm bringt diese Konzepte in den Vordergrund. Mit Mars solltest du etwas unternehmen, das dein Gefühl des Wohlbefindens steigert oder das dir mehr Befriedigung verschafft.

♂➤AC MC ***Mars-Transite zum Aszendenten und zum MC*** sind von großer Bedeutung. Der Mars im Transit zu einem dieser Punkte kann eine Zeit voller Energie, Ungeduld, das Verlangen nach Aktivität oder auch Aggressivität anzeigen. Bezieht sich der Transit auf das *MC* - welches ja die

Spitze des 10. Hauses ist –, könntest du die Energie auf deinen Beruf richten oder auf die Art und Weise, wie du dich in der Außenwelt darstellst. Wenn es um den *Aszendenten* geht, unternimmst du vielleicht etwas, um dich auf eine bessere Weise zu präsentieren oder um selbstsicherer zu erscheinen.

Mars-Transite durch die Häuser

Wenn Mars im Transit ein Haus durchläuft, werden sich in dem betroffenen Bereich Entwicklungen ergeben. Vielleicht hast du nun überaus viel zu tun, und möglicherweise arbeitest du daran, in dem betreffenden Bereich deines Lebens die Initiative zu ergreifen oder Entscheidungen herbeizuführen. Dieser Transit dauert für gewöhnlich etwa zwei Monate – du kannst dir also vorher aufschreiben, wann welches Haus betroffen ist und für diese Zeiten entsprechende Aktivitäten planen.

Anstelle von umfangreichen Darstellungen, was der Mars-Transit durch die Häuser bedeutet, folgen einige schlagwortartige Erläuterungen. Es geht mir hier darum, Auswirkungs*möglichkeiten* zu zeigen und das Denken anzuregen. In meinen Kursen versuchen wir, uns weitere Manifestationen auszudenken. Dabei spielt es auch eine Rolle, welche Bedeutung diese Transite im Hinblick auf das individuelle Geburtshoroskop haben.

♂ 1 ***Mars im 1. Haus:*** Laß alle spüren, wie ärgerlich du bist... Oder: Arbeite an der Art und Weise, wie du in Erscheinung trittst.

♂ 2 ***Mars im 2. Haus:*** Beweise deinen Mut beim Geldausgeben... Oder: Gib dich dem Sinnlichen hin!

♂ 3 ***Mars im 3. Haus:*** Schrei' dir beim Fußballspiel die Kehle aus dem Leib, verkünde deine Ansichten mit Überzeugung.

♂ 4 ***Mars im 4. Haus:*** Zeig deiner Familie, wer der Boss ist... Oder: Werde zu Hause aktiv!

♂ 5 ***Mars im 5. Haus:*** Kommandiere die Kinder herum... Oder: Geh' einmal ins Kasino oder an die Börse oder suche dir ein Hobby, das dich körperlich fordert.

♂ 6 ***Mars im 6. Haus:*** Nörgele an deinen Mitarbeitern herum... Oder: Übernimm zusätzlich zu deinen Aufgaben noch weitere Pflichten, insbesondere solche, die viel Energie fordern.

♂ 7 ***Mars im 7. Haus:*** Streite mit deinem Partner... Oder: Unternimm etwas mit ihr/ihm, was euch physisch fordert.

♂ 8 ***Mars im 8. Haus:*** Berate jemanden, wie er/sie Geld ausgeben soll, zeige dich sexuell aktiv.

♂ 9 ***Mars im 9. Haus:*** Beschäftige dich mit Religion oder unternimm eine lange Reise, auf der du deine körperlichen Kräfte einsetzen kannst.

♂ 10 ***Mars im 10. Haus:*** Streite dich mit deinem Chef... Oder: Tu' etwas für deine Karriere.

♂ 11 ***Mars im 11. Haus:*** Treibe deine Mitstreiter an, bewerbe dich für ein Ehrenamt oder werde in deinem sozialen Umfeld aktiv.

♂ 12 ***Mars im 12. Haus:*** Unterdrück' deine Energie... Oder: Versuche, deine unbewußten Beweggründe zu erkennen.

Der alchimistische Umgang mit Mars-Transiten

Nicht jeder verfügt über ein gesundes Selbstbewußtsein. Natürlich ist Mars in jedem Horoskop enthalten – um Mars-Transite bestmöglich nutzen zu können, müssen wir aber in Rechnung stellen, in welchem Zeichen und Haus er steht und an welchen Aspekten er beteiligt ist. Für Menschen, die gewisse Probleme mit ihrer Durchsetzungsfähigkeit haben, sind Mars-Transite häufig sehr anstrengend. Bei Mars muß ein Ventil für die Energien vorhanden sein.

Wenn wir versuchen, Mars-Energie in uns unter Verschluß zu halten, könnten wir unter Nervosität zu leiden haben oder ein übermäßig aggressives Verhalten zeigen. Wenn die Mars-Energie unterdrückt wird, sind möglicherweise Krankheit oder eine Neigung zu Unfällen die Folge. Menschen, denen es leichtfällt, aktiv zu werden, fühlen sich durch Mars-Transite im allgemeinen stimuliert. Allerdings könnte es hier zu einer Überstimulierung kommen. In diesem Fall gilt es, sich der marsischen Gefahr der Tollkühnheit bewußt zu sein.

In alchimistischer Betrachtung kann Mars-Energie durch physische Aktivität zum Ausdruck gebracht werden. Wenn du fühlst, daß in dir Ärger aufsteigt, könntest du nach draußen gehen und einen Spaziergang um den Block machen. Wenn sich der Ärger beim Zurückkommen noch nicht gelegt hat, solltest du vielleicht sagen, was dich stört. Auf jeden Fall aber hattest du dann die Gelegenheit, darüber nachzudenken, was du jetzt sagen oder tun willst. So kannst du unnötige und ungewollte Kränkungen oder Verletzungen vermeiden.

Wenn dein Horoskop zeigt, daß du zu Wutausbrüchen neigst, brauchst du möglicherweise etwas, das mehr Energie kostet als ein Spaziergang. Eine meiner Klientinnen schrubbt immer dann, wenn ein Ausbruch bevorsteht, auf den Knien mit bloßen Händen ihre Fußböden. Sie hat herausgefunden, daß das einen beruhigenden Einfluß auf sie hat. Und ihre Böden sind die saubersten in der ganzen Stadt! Ein anderer Klient hat sich für diesen Zweck einen Sandsack angeschafft.

Menschen mit einem starken Mars im Horoskop sollten vielleicht in ihren Tagesablauf Körperübungen einbauen. Das könnte ihnen helfen, unter Mars-Transiten die Beherrschung zu bewahren. Ein junger Mann mit einer Mars/Mond-Konjunktion neigte zu emotionalen Wutausbrüchen. Nach jedem Ausbruch machte er sich die bittersten Vorwürfe. Beim Nachdenken, wie er die Ausbrüche vermeiden konnte, kam er darauf, daß diese gewissermaßen saisonal in Erscheinung traten. Er fühlte sich zu den Zeiten, in denen er sein emotionales Gleichgewicht bewahren konnte, viel wohler und produktiver. Bei der Suche nach Verhaltensalternativen stellte sich heraus, daß er im College Baseball gespielt hatte. Während der Vorbereitung auf die Punktspiele und während der Saison war er viel ruhiger als zu anderen Zeiten. Ich erklärte ihm das damit, daß er mit dem Sport ein Ventil für den Ausdruck dieser Energien gefunden hatte. Bald darauf begann er, auch Fußball zu spielen, und er sagt nun, daß er sehr viel gelassener geworden ist.

Wenn du dir deiner unsicher bist, könntest du ein Seminar oder einen Kurs zu diesem Thema belegen – insbesondere dann, wenn der Mars im Transit deine Sonne aspektiert oder durch dein 1. Haus läuft. Wenn du das tust, wirst du nicht sofort über ein strahlendes Selbstbewußtsein verfügen oder zu einem aggressiven Menschen werden – du könntest aber lernen, deine Rechte auf eine Art und Weise durchzusetzen, die deinem angeborenen Wesen entspricht.

Der Gefahr von Unvorsichtigkeit kannst du durch die bereits erwähnten Körperübungen begegnen sowie dadurch, daß du dir jetzt nur kleine und überschaubare Aufgaben stellst. Wenn deine Gedanken abschweifen, während du etwas tust, mußt du etwas anderes machen.

Um es in wenigen Worten zusammenzufassen: Mars-Transite bedeuten eine Zeit mit viel Energie, welche auf etwas gelenkt werden muß. Setze dich jetzt durch und richte deine Aktivitäten auf bestimmte Ziele, um vorwärtszukommen.

Kapitel 3

Jupiter-Transite

Der Jupiter-Zyklus umfaßt 11,82 Jahre. Jupiter braucht etwa ein Jahr, um ein Zeichen zu durchlaufen. Seine maximale Geschwindigkeit beträgt 14 Bogenminuten. Bei normaler Geschwindigkeit wirken seine Transite etwa zehn Tage lang.

♃ Jupiter-Schlüsselfunktion

Wachstum. Entwicklung und Erweiterung des Bewußtseins. Manchmal ereignet sich etwas in deinem Leben, was dir großes Vergnügen bereitet.

Welche Gefühle Jupiter-Transite hervorrufen können

Der Planet Jupiter hat mit dem Gefühl von Wohlbefinden sowie mit Optimismus zu tun. Unter diesem Transit könntest du den Wunsch verspüren, Neuland zu betreten. Vielleicht möchtest du jetzt eine Reise unternehmen, vielleicht bist du nun aber auch unzufrieden damit, daß alles immer den gleichen Gang geht. Es könnte dazu kommen, daß sich jetzt neue Tore für dich öffnen. Wie dem auch sein mag – in dieser Phase dürftest du den Wunsch haben, Angenehmes zu erleben und dabei freizusein.

Jupiter steht im Ruf, der «Große Wohltäter» zu sein. Es gibt aber noch eine andere Seite bei dem «Planeten des Überflusses». Möglicherweise ergeben sich nun *zuviele* Gelegenheiten, mit der Folge, daß es dir schwerfällt, Entscheidungen zu treffen. Wenn allerdings nicht viel passiert, könntest du dich schnell gelangweilt fühlen. Mitunter kann es Probleme dabei geben, den jupiterhaften Drang nach Anregung und Wachstum auch wirklich zu befriedigen, und es besteht nun die Gefahr, daß du dich auf die eine oder andere Weise zügellos zeigst und es in deinem Leben zu Exzessen und Extravaganz kommt. Die Willenskraft ist unter Jupiter-Transiten nicht besonders entwickelt. Es wäre denkbar, daß du dich nun wie von einer Strömung getragen fühlst und keine Kontrolle über das hast, was geschieht.

Wie Jupiter-Transite genutzt werden können

Das Haus, in dem Jupiter im Geburtshoroskop steht, zeigt an, auf welchem Lebensbereich ständiges Wachstum für dich wichtig ist. Was den Jupiter-Transit betrifft, verhält es sich ähnlich. Wenn der laufende Jupiter bestimmte Planeten oder Punkte des Geburtshoroskops aspektiert, heißt das, daß du die betreffende Facette deines Wesens nun weiterentwickeln solltest.

Der Jupiter-Zyklus zeigt gewissermaßen Zwölf-Jahres-Perioden von Wachstum im Leben an. Die Konjunktion steht dabei für deren Beginn. Alle drei Jahre, wenn es zu Quadraten oder Oppositionen kommt, bist du gefordert, deine Fortschritte zu überprüfen und Korrekturen vorzunehmen. Wir können dies in Übereinstimmung zu den verschiedenen Stadien des Erwachsenenalters sehen.

In der bereits angeführten Untersuchung *Die Stadien des menschlichen Lebens* sind diese Phasen als eine Abfolge von Leitern beschrieben. Um an das Ziel zu gelangen, ist es notwendig, verschiedene Aufgaben zu erfüllen. Wenn es auch zu jeder Zeit Bewegung gibt, ist doch anzumerken, daß die meisten Phasen relativ ruhig und gleichförmig verlaufen. Diese Form der Bewegung entspricht hier dem Ersteigen einer Leiter, bei dem wir uns ja nur in einer Richtung bewegen. Der Wechsel von einer Leiter zur anderen bedeutet die Zeit des Übergangs. Während dieser Phasen kommt es zu Veränderungen und vielleicht auch zu Krisen – du mußt jetzt eine neue Leiter erklimmen, und es kann sein, daß du dich dabei zwischen verschiedenen Richtungen zu entscheiden hast.

Das Thema, das sich wie ein roter Faden durch dieses Buch zieht, ist das der Entwicklung. Entwicklung steht in erster Linie mit Jupiter in Verbindung. Wenn wir die Tritte der Leiter mit den Spannungs-Aspekten des Jupiter-Zyklus vergleichen, können wir zunächst die Feststellung machen, daß die Konjunktionen in die Mitte der verschiedenen Hauptstadien fallen. Die Quadrate und Oppositionen treten häufig in den Phasen des Übergangs auf. Die erste Übergangsphase, der *Übergang ins frühe Erwachsenenalter,* ergibt sich zwischen 17 und 22 und umfaßt damit Jupiter in Opposition und Jupiter im Quadrat zur Geburtsstellung. Im *Übergang in das Alter um die 30* (28 - 33) ergibt sich eine Opposition und ein Quadrat, und beim *Übergang ins mittlere Erwachsenenalter* (40 - 45) kommt es zunächst zum Quadrat und dann zur Opposition.

Nach Levinson sind die wichtigsten Perioden der *Eintritt ins Erwachsenenalter* (22 - 28; die Phase, in der es mit etwa 24 zur zweiten Jupiter/Jupiter-Konjunktion kommt), das *Sich-Etablieren* (33 - 40; mit der dritten Jupiter/Jupiter-Konjunktion im Alter von etwa 36 Jahren) sowie der *Eintritt ins mittlere Erwachsenenalter* (45 - 50; mit der vierten Jupiter/Jupiter-Konjunktion, die sich etwa mit 48 ergibt).

Von besonderem Interesse ist in dieser Beziehung die Phase des *Sich-Etablierens,* weil es sich hier um ein Jupiter-Thema handelt. Diese Zeit ist geprägt davon, daß *der Mensch sich eine zweite Struktur schafft und den Höhepunkt des* frühen Erwachsenenalters *erreicht* (a. a. O., S. 56). Wichtig ist in dieser Phase das «Förderer-Prinzip» – daß es einen Älteren gibt (der aber nicht viel älter zu sein braucht), welcher diesem Menschen bei der Weiterentwicklung hilft. Auch dies entspricht dem Jupiter-Konzept. Um noch einmal Levinson zu zitieren: *Am Ende der Phase des* Sich-Etablierens *(zwischen 36 und 40) gibt es im allgemeinen einen scharf umrissenen Abschnitt, in dem der Mensch sein eigener Meister wird. Davor ist zumeist eine Abhängigkeit von einem Förderer gegeben* (S. 60). Der Versuch, sich von dieser Abhängigkeit freizumachen, ist der Beginn einer neuen Phase. Im Alter von 36 Jahren kommt es zu der Jupiter/Jupiter-Konjunktion.

Ich behaupte nicht, daß dein Leben in scharf umrissenen Zwölf-Jahres-Abschnitten verläuft oder daß du den Versuch unternehmen solltest, es auf diese Weise zu strukturieren. Es ist vielmehr so, daß

Jupiter/Jupiter ein Bezugspunkt sein kann, an dem zu bestimmen ist, wie unsere Entwicklung vonstatten geht. Der Jupiter-Zyklus in seiner Gesamtheit kann dazu dienen, Fortschritte zu messen und zu erkennen, wo Korrekturen vorzunehmen sind. Du solltest dich darum bemühen zu verstehen, worin das Wesen von Jupiter-Transiten liegt und wo in diesem Zusammenhang Gefahren und wo Chancen bestehen. Der Jupiter-Transit ist hinsichtlich aller Planeten und Punkte des Geburtshoroskops von großer Bedeutung.

♃➤☉/AC ***Jupiter-Transite zur Sonne und zum Aszendenten*** haben eine gewisse Ähnlichkeit miteinander. In beiden Fällen sind Gefühle des persönlichen Wohlbefindens zu erwarten sowie der Drang, das eigene Selbst weiterzuentwickeln. Du solltest darauf achten, unter diesen Transiten nicht zuviel zu essen – der Jupiter-Transit zur Sonne oder zum Aszendenten kann auch rein körperlich zur Ausdehnung führen. Falls es gut für dich wäre, zuzunehmen, könntest du das in dieser Zeit bewerkstelligen. Der Unterschied zwischen den beiden Transiten besteht darin, daß bei der Verbindung zur *Sonne* das persönliche Ego miteinbezogen ist. In diesem Fall möchtest du, daß deine Fortschritte auch nach außen hin deutlich werden. Beim Transit zum Aszendenten dagegen reicht es dir zu spüren, daß du dich weiterentwickelst – wobei es aber auch ohne weiteres denkbar ist, daß andere anerkennend registrieren, was mit dir passiert. Die Aspekte zur Sonne sind für gewöhnlich zehn Tage lang wirksam, und während dieser Zeit solltest du darum bemüht sein, dein Ego in die Welt zu projizieren. Der Transit über den Aszendenten dauert im allgemeinen ebenso lange – allerdings läuft Jupiter danach durch das 1. Haus. Das bedeutet, daß du dich dann etwa ein Jahr lang um deine persönliche Entwicklung kümmern kannst.

♃➤☽ ***Jupiter-Transite zum Mond*** bringen es vielleicht mit sich, daß deine Emotionen mit dir durchgehen. Möglicherweise zeigst du nun demonstrativ, wie es um deine Gefühle bestellt ist, und falls du dies sonst nicht tust, könntest du nun von dir selbst überrascht sein. Wenn du bestimmte Gefühle zum Ausdruck bringen möchtest, wäre die Zeit dieses Transits gut dafür geeignet, dies tatsächlich zu tun. Menschen, die dazu neigen, überemotional zu reagieren, sollten jetzt ihre Aufmerksamkeit darauf richten, nicht die Kontrolle über sich zu verlieren. Der Jupiter- und der Mars-Transit zum Geburts-Mond ähneln einander insofern, als daß beide für Exzesse beim Ausdruck von Gefühlen stehen können. Unter Mars aber sind die Emotionen im allgemeinen auf etwas Bestimmtes gerichtet, während sie unter Jupiter oftmals diffus und vage erscheinen. Ärger und Irritation sind in den meisten Fällen mit Mars verbunden, unkontrollierte Tränenströme dagegen gehören zum Bereich von Jupiter.

♃▸☿ ***Jupiter-Transite zum Merkur*** können mit einem Zeitabschnitt einhergehen, in dem du dich außerordentlich gut ausdrücken kannst oder Unmengen schreibst. Genausogut ist denkbar, daß du dich nun durch absolute Aufrichtigkeit oder aber durch auch Taktlosigkeit (hier handelt es sich wieder um einen «Fettnäpfchen-Aspekt»). Alles mögliche aufzuschreiben heißt möglicherweise, daß du später viel Arbeit hast, wenn du deine Worte öffentlich machen willst. Überlege dir also im voraus, was du sagen willst – und du wirst die Feststellung machen, daß es dir nur so aus der Feder fließt. Drücke dich nicht davor, etwas zu Papier zu bringen – es ist denkbar, daß du bei dieser Beschäftigung exzellente Ideen erhältst. Aber beschäftige dich schon vorher mit der Frage, ob das Material vielleicht veröffentlicht werden soll.

♃▸♀ ***Jupiter-Transite zur Venus*** sprechen für eine Zeit, in der das Vergnügen, Geselligkeit und in manchen Fällen auch ein Sich-gehen-Lassen im Vordergrund stehen. Es muß hier davor gewarnt werden, in Zügellosigkeit zu verfallen – was insbesondere für das Finanzielle gilt. Vielleicht wäre es ratsam, nun alle Kreditkarten und Schecks wegzuschließen. Noch mehr zu empfehlen ist allerdings, sich angenehmen Aktivitäten hinzugeben, die nicht viel Geld kosten.

♃▸♂ ***Jupiter-Transite zu Mars*** bedeuten im allgemeinen einen gesteigerten Fluß von Energie sowie Zeiten, in denen du die Initiative ergreifen möchtest. Erfolgversprechende Pläne können nun in die Tat umgesetzt werden – wenn sie gut durchdacht sind! Zu warnen ist vor der Gefahr der Selbstüberschätzung oder auch davor, zu dieser Zeit zuviel zu wollen. Versuche nach Möglichkeit, dich auf eine Sache zu konzentrieren und verliere nicht den Blick für das, was möglich ist. Sonst kann es dazu kommen, daß du viel Energie einsetzt und wenig dabei herauskommt.

♃▸♄ ***Jupiter-Transite zu Saturn*** zeigen an, daß du über die augenblickliche Struktur deines Lebens hinauswachsen solltest. Du könntest dies erreichen, indem du Wissen erwirbst und dir damit eine Ausgangsbasis für größere Erfolge schaffst. Ebenfalls denkbar wäre, daß du etwas unternimmst, was deine Welt in materieller Hinsicht erweitert – zum Beispiel, indem du an dein Haus einen Raum anbaust. Sowohl bei Jupiter/Saturn als auch bei Saturn-Transiten zu Jupiter besteht die Aufgabe darin, zwischen Expansion und Begrenzung (oder auch Konsolidierung) einen Ausgleich zu finden. Wenn der Transit von Jupiter ausgeht, liegt die Betonung auf dem expansiven Moment.

♃▸♅ ***Jupiter-Transite zu Uranus*** können mit kreativen Motiven und/oder dem individuellen Ausdruck der Persönlichkeit in Zusammenhang gebracht werden. Zu diesen Zeiten hast du das Bedürfnis, deine Unabhängigkeit unter Beweis zu stellen. Wenn das nicht möglich ist, gibt dir das das Gefühl, dein Leben nicht unter Kontrolle zu haben. Vielleicht mußt du dich nun mit Situationen auseinandersetzen, in denen etwas Unvorhersehbares geschieht. Du solltest während dieses Zeitabschnittes so flexibel wie möglich sein und dich im Fluß der Dinge bewegen. Wenn du selbst dafür sorgst, daß Anregendes und Spannendes geschieht, kannst du es vielleicht vermeiden, daß sich unangenehme Überraschungen ergeben.

♃►♆ ***Jupiter-Transite zu Neptun*** bringen häufig viele Träume mit sich – was sowohl für den Schlaf als auch für den Wachzustand gilt. Objektivität und das Praktische sind zu diesen Zeiten Fremdworte für dich. Es wäre möglich, daß du Vorfälle nun auf eine Art und Weise interpretierst, der andere nicht folgen können. Vielleicht hindern dich jetzt auch Drogen und Alkohol daran, die Realität zu erkennen. Möglicherweise kommt es nun auch dazu, daß eine Medizin, die du immer nimmst, eine andere Reaktion hervorruft, und vielleicht spürst du schon nach einem Glas Wein starke Auswirkungen. Unter diesen Aspekten fällt es schwer, materielle Erfolge zu erzielen – das spirituelle Leben blüht nun aber vielleicht auf. Es kann nun dazu kommen, daß Träume wahr werden – unter der Voraussetzung, daß sie nicht zu verstiegen sind. Die beste Methode, Erfolge zu erzielen, besteht darin, sich etwas vorzustellen oder darüber zu meditieren. Aber auch indirekte Vorgehensweisen können zu positiven Resultaten führen. Du solltest dich aber davor hüten, deine Ellbogen zu benutzen.

♃►♇ ***Jupiter-Transite zu Pluto.*** Jupiter steht für Reichtum und den freien Fluß von Energie – in Verbindung mit Pluto könntest du es jetzt erleben, daß du deine Interessen mit Leichtigkeit durchsetzt. Es wäre aber auch denkbar, daß du dich dabei übereifrig, wie besessen oder gar tyrannisch zeigst. Jupiter hat auch mit der Erweiterung der Perspektive zu tun. Wenn du dich unter diesen Transiten intensiv (Pluto) erforschst, entdeckst du vielleicht Faktoren, die deine Entwicklung behindert haben. Mit deren Veränderung ist es dann eventuell möglich, eine tiefgründige Transformation zu erleben.

♃►☊☋ ***Jupiter-Transite zu den Mondknoten.*** Unter diesen Transiten erleben die Verbindungen zu anderen eine Blütezeit. Du solltest dich nun für die Menschen entscheiden, die zur Erweiterung deines Wissens beitragen können oder deren Gesellschaft dir Freude macht. Halte dich von Personen fern, die dir nur deine Zeit stehlen und die dir wenig zu bieten haben.

♃▸⊗ ***Jupiter-Transite zum Glückspunkt*** bringen häufig Gefühle der Selbstzufriedenheit oder auch Gelegenheiten, das Leben in eine bessere Richtung zu lenken. Wenn du unglücklich gewesen bist, können diese Transite für einen neuen Versuch genutzt werden, Erfüllung zu finden.

♃▸MC ***Jupiter-Transite zum MC*** bedeuten einen Zeitraum, der vom Austausch mit der Welt geprägt ist. Zeige nun den anderen, daß du da bist! Möglicherweise mußt du etwas im Hinblick auf deine Karriere in Angriff nehmen. Versuche aber unter allen Umständen, realistisch zu erkennen, was möglich ist. Wenn du das nicht tust, läufst du Gefahr, von den Dingen überrollt zu werden. Ich kenne den Fall eines Mannes, der unter diesem Transit eine zweite Karriere begann. Die Gelegenheit präsentierte sich von selbst, und alles schien so verlockend, daß er sich nicht die Zeit nahm, die Dinge gründlich zu durchdenken. Bald aber war es so, daß er nicht genug Zeit hatte, um seinen beiden Beschäftigungen nachzugehen. Schließlich mußte er jemanden für das neue Geschäft anstellen, was die Profite, die dies abwarf, vollständig aufzehrte. Hätte er die Begleitumstände früher intensiv untersucht, würde er viele Mühen und Kosten gespart haben.

Jupiter-Transite durch die Häuser

Wenn Jupiter im Transit durch ein Haus läuft, hast du etwa ein Jahr lang Zeit, dich um die Entwicklung der Dinge zu kümmern, die hiermit in Beziehung stehen. Es ist denkbar, daß du in diesem Zusammenhang einen unstillbaren Hunger verspürst und immer mehr willst... Wie dem auch sein mag – dieser Transit kann bedeuten, daß du die Kontrolle über die Geschehnisse verlierst und daß die Dinge entweder klappen oder schiefgehen, ohne viel Zutun deinerseits. Entscheide dich bewußt für einen Weg, die Umstände zu verbessern, die mit dem betreffenden Haus zu tun haben, und unternimm dann die nötigen Schritte. Du könntest dich dann immer noch vom Strom der Dinge fortgerissen fühlen – zumindest aber hast du in diesem Fall die bewußte Entscheidung für etwas getroffen.

♃ 1 ***Jupiter im 1. Haus:*** Gib dich dem Genuß und der Extravaganz hin... Oder: Arbeite daran, dich weiterzuentwickeln.

♃ 2 ***Jupiter im 2. Haus:*** Übernimm dich finanziell... Oder: Gib dein Geld für etwas aus, was dich wachsen läßt oder begründe ein Projekt, mit dem Geld zu verdienen ist.

♃ 3 ***Jupiter im 3. Haus:*** Rede alle anderen nieder und höre niemandem zu... Oder: Schreibe Briefe oder Geschichten.

♃ 4 ***Jupiter im 4. Haus:*** Zeige dich in deinen häuslichen Vergnügungen extravagant... Oder: Werde aktiv für Verbesserungen an deiner Wohnung.

♃ 5 ***Jupiter im 5. Haus:*** Zeige dich beim Spiel tollkühn oder auch närrisch... Oder: Verwöhne deine Kinder oder initiiere ein künstlerisches Projekt.

♃ 6 ***Jupiter im 6. Haus:*** Weiche der Arbeit aus und gib dich der Faulheit hin, iß Unmengen von vollwertigen Nahrungsmitteln, um dich gesund zu halten... Oder: Ernähre dich bewußt und lockere deinen Tagesablauf durch unterhaltsame Aktivitäten auf.

♃ 7 ***Jupiter im 7. Haus:*** Werde zum Bigamisten... Oder: Heirate oder unternimm etwas mit deinem Partner, das Spaß macht.

♃ 8 ***Jupiter im 8. Haus:*** Zeige dich in sexueller Hinsicht promiskuitiv... Oder: Biete an, dich um anderer Leute Geld zu kümmern, laß andere von deinen Ressourcen oder Fähigkeiten profitieren oder kauf' dir ein Lotterie-Los.

♃ 9 ***Jupiter im 9. Haus:*** Vertrete deine religiösen oder politischen Ansichten mit Nachdruck, ohne Rücksicht auf Verluste... Oder: Plane oder unternimm eine lange Reise oder schreib' dich in einen Kurs ein.

♃ 10 ***Jupiter im 10. Haus:*** Verzettele dich in beruflicher Hinsicht... Oder: Arbeite daran, neue Berufsziele zu entwickeln und überlege dir, ob du vielleicht um eine Beförderung nachsuchen kannst.

♃ 11 ***Jupiter im 11. Haus:*** Richte dein Augenmerk nur darauf, auf Partys zu gehen... Oder: Tritt einer Gruppe bei, um etwas für deine soziale Weiterentwicklung zu tun.

♃ 12 ***Jupiter im 12. Haus:*** Verzichte auf jede Freude... Oder: Beginne damit, das Okkulte zu studieren oder arbeite auf freiwilliger Basis in einer wohltätigen Institution.

Der alchimistische Umgang mit Jupiter-Transiten

Die zwei alchimistischen Methoden im Hinblick auf Jupiter umfassen das Reisen und das Lernen. Dies gilt unabhängig davon, was dein Geburtshoroskop hierzu sagt – du kannst immer eine Reise machen oder einen Kurs belegen, der im Zusammenhang mit den betreffenden Prinzipien steht. Wenn es zwischen dem Transit-Jupiter und der Geburts-Sonne zu einem Aspekt kommt, könntest du dich zur Bestärkung deines Egos auf eine Reise begeben oder auch zur Volkshochschule gehen. Dieser Umgang mit Jupiter kann auf zwei Ebenen Resultate haben.

Das Reisen und das Lernen können an die Stelle von möglichen Exzessen treten. Wir essen zum Beispiel dann zuviel, wenn wir uns langweilen oder unzufrieden sind. Reisen oder die Teilnahme an Kursen haben einen bewußtseinsfördernden Effekt, der die Gewichtszunahme ersetzen kann. Eine Klientin von mir – Schülerin an einem College, die in ihrem Horoskop Jupiter am Aszendenten hat – erzählte mir kürzlich, daß sie während des Schuljahrs niemals zunehmen würde, daß sie aber während der Ferien Probleme mit ihrem Gewicht hätte. Mein Ratschlag bestand darin, in den Sommerferien eine Reise zu unternehmen oder aber zusätzliche Kurse zu belegen.

Die Aktivitäten, auf die zur Abmilderung von unangenehmen Auswirkungen zurückgegriffen werden kann, können außerordentlich positive Ergebnisse hervorbringen. Auf Reisen zu gehen kann dich auf der einen Seite von Exzessen abhalten und dich andererseits viele Dinge lehren. Vielleicht kommst du unterwegs in Kontakt zu Menschen, die für dich eine Erweiterung deines Bewußtseins bedeuten – möglicherweise lernst du nun neue Bräuche oder Kulturen kennen, die dein Leben bereichern. Kurse können ebenfalls dazu beitragen, dein Wissen zu vergrößern, sie können aber auch unmittelbar förderlich für deine Karriere sein. Durch das Erwerben eines akademischen Grades beispielsweise öffnen sich für dich vielleicht die Türen der Gesellschaft.

Du solltest dich nicht dem Spaß und der Freude, die ebenfalls mit Jupiter verbunden sind, verschließen. Reisen oder Kurse können Weiterbildung *und* Vergnügen bedeuten. Auf einer Reise kannst du historische Stätten besuchen und trotzdem Zeit für Begegnungen mit Menschen finden. Du solltest hier – ob es sich nun um Reisen oder um Kurse handelt – nicht auf einen starren Schematismus verfallen. Möglicherweise hast du nun auch den ausgeprägten Wunsch, deinen eigenen Weg zu gehen. Und falls dies mit Schwierigkeiten verbunden sein sollte, kannst du es dir leichter machen, wenn du dabei auch an dein Vergnügen denkst. Vielleicht könntest du jetzt aus Spaß an der Sache oder auch aus der Freude heraus, deine Ideen zum Ausdruck zu bringen, an einer Lehrveranstaltung teilnehmen.

Wenn du dich unter einem Jupiter-Transit gelangweilt fühlst, mußt du möglicherweise einmal etwas ganz anderes machen. Vielleicht reicht es aber auch, dich für eine Weile zurückzuziehen und dich zu entspannen. Der Jupiter-Transit bringt immer eine Botschaft, die für das persönliche Wachstum genutzt werden kann. Wenn du das Gefühl hast, daß du von den Geschehnissen überrollt oder du vom Strom der Ereignisse davongerissen wirst, hat sich für dich nicht die bestmögliche Auswirkung des Transits ergeben. Nimm dir in diesem Fall Zeit, die Situation in allen Einzelheiten zu überprüfen. Ergründe sie, um festzustellen, welchen Ratschlag Jupiter dir gibt.

Hierzu möchte ich ein interessantes Beispiel anführen. Vor drei Jahren kam eine Frau zu mir, die gerade verschiedene Jupiter-Transite erlebte. Vor der Sitzung hatten sie und ihr Mann für das Familiengeschäft Bankrott erklären müssen, und in ihrem Haus war es zu einem schlimmen Brand gekommen. Natürlich fühlte sie sich nach diesen Erlebnissen außerordentlich schlecht, und immer wieder fragte sie sich: »Warum muß das gerade mir passieren?« Im Laufe der Sitzung kamen einige bemerkenswerte Details zum Vorschein. Die Frau und ihr Ehemann hatten sich Gedanken darüber gemacht, in einen anderen Teil des Landes zu ziehen. Aber das von der Familie übernommene Geschäft und ihr Haus hielten sie davon ab, dies zu tun. Zugegebenermaßen kam es hier zu außerordentlich dramatischen Auswirkungen – nichtsdestotrotz war klar, worum es eigentlich ging: Die Hindernisse, die dem Umzug im Wege standen, mußten ausgeräumt werden. Diese neue Sichtweise verhalf ihr zu einer veränderten Einstellung. Die beiden zogen in der Tat weg, und ihr Leben nahm eine Wendung zum Besseren.

Auch wenn in diesem Fall der Symbolismus durchaus stimmig ist – im allgemeinen sind Jupiter-Transite nicht von derartig drastischen Umständen begleitet. Dieses Beispiel erhellt aber, daß es sinnvoll ist, die Botschaft des Jupiter-Transits sorgfältig zu untersuchen. Wir dürfen dabei nicht von vornherein davon ausgehen, daß alles gut laufen wird.

Kapitel 4

Saturn-Transite

Saturn braucht für seinen Lauf durch den Tierkreis im Durchschnitt 29,46 Jahre. Er hält sich für etwa zweieinhalb Jahre in einem Zeichen auf. Seine maximale Geschwindigkeit beträgt acht Bogenminuten am Tag. Ein Saturn-Aspekt ist normalerweise für etwa einen Monat exakt. Weil es manchmal seine Zeit dauert, ehe sich die Manifestationen zeigen, kannst du noch ein paar Tage «zugeben».

♄ Saturn-Schlüsselfunktion

Klarheit, Stabilität, Organisation und Struktur. Saturn steht auch für harte Arbeit im Hinblick auf konkrete Resultate und Erfolge.

Welche Gefühle Saturn-Transite hervorrufen können

Der Überlieferung nach wird Saturn als großer «Übeltäter» gesehen und als begrenzend, beschränkend und entmutigend beschrieben. Es ist richtig, daß du unter einem Saturn-Transit das Gefühl haben könntest, daß über dir dunkle Wolken schweben. Vielleicht bist du zu dieser Zeit mit Arbeit oder Pflichten überhäuft, mußt dich mit deinen Begrenzungen auseinandersetzen oder fühlst dich frustriert bei dem Versuch, Erfolge zu erzielen. Jede einzelne dieser Erfahrungen kann deprimierend wirken – um so mehr wird dies zutreffen, wenn alles zugleich der Fall ist. Wie dem auch sein mag - du solltest dir darüber im klaren sein, was jetzt passieren kann.

Jupiter – der «große Wohltäter» – hat aber auch negative Seiten, und Saturn als «großer Übertäter» hat seine positiven. Mit Saturn-Transiten sind oftmals besondere Erfolge und erfüllende Erfahrungen verbunden, und häufig erkennt der Mensch unter ihnen, worin der Sinn seines Lebens liegt. Es ist das Bedürfnis, etwas zu erreichen, das zu den greifbaren Resultaten führt. Unter diesen Transiten spürst du den Wunsch, die Dinge einzuordnen und eine Struktur zu errichten. Du siehst jetzt nicht wie sonst verschwommene Schattierungen – du bist nun zu großer Objektivität und Weitsicht fähig. Insofern hast du die Chance, unklare Angelegenheiten ins Reine zu bringen. Du verspürst nun den Wunsch, mit großer Sorgfalt und Gründlichkeit vorzugehen. Wenn du akzeptierst, daß Saturn-Transite eine Verlangsamung des Tempos mit sich bringen, wird sich deine Vorgehensweise durch die nötige Geduld auszeichnen.

Wie Saturn-Transite genutzt werden können

Es ist durchaus möglich, unter Saturn-Transiten Erfolge zu erzielen. Es handelt sich dabei aber mehr um den beschwerlichen Weg zur Macht und nicht um ein kometenhaftes Aufglühen, das schnell vorüber ist. Du mußt dich jetzt selbst überwinden und den vielen Details gebührende Aufmerksamkeit zukommen lassen. Wenn es darum geht, den Pflichten gerechtzuwerden, ist fast immer Saturn im Spiel.

Saturn ist mit der materiellen Seite des Lebens verknüpft – möglicherweise ist diese Tatsache verantwortlich dafür, daß sein Zyklus am besten zu untersuchen und zu verstehen ist. Innerhalb des Zyklus kommt es durchschnittlich gut alle sieben Jahre zu wichtigen Aspekten (Konjunktion, Quadrat und Opposition). Während dieser Phasen hat jeder auf die eine oder andere Art damit zu tun, seine Stellung in der Welt zu überprüfen. Das Augenmerk kann dabei auf die häusliche Situation, auf eine Heirat, auf den Beruf, auf den sozialen Status oder auf anderes gerichtet sein – kennzeichnend ist, daß es hier um einen konkreten Bestandteil unseres Lebens geht.

Der Saturn-Zyklus bildet in gewisser Weise das Rückgrat des Erwachsenenalters. Es ist zwar richtig, daß auch das Jupiter-Thema der Entwicklung in allen diesen Stadien zum Ausdruck kommt – Bedingung für Wachstum ist aber, daß von Zeit zu Zeit untersucht wird, wie es um die konkreten Gegebenheiten im Hinblick auf die Außenwelt (ein Saturn-Prinzip) bestellt ist. Du mußt wissen, wer du eigentlich bist, und dies damit in Übereinstimmung bringen, was du werden möchtest. Um Erfolg zu haben, mußt du auf dem aufbauen, was bisher war, und es ist notwendig, daß du für dein Handeln realistische Annahmen zugrundelegst. Wenn du in einer schlechten Gegend von New York aufgewachsen bist, ist die Wahrscheinlichkeit, daß du eines Tages König von England wirst, sehr gering. Es gibt aber genug Beispiele von Menschen, die, aus schlechten Verhältnissen kommend, große Leistungen vollbracht haben.

Wir wollen jetzt die wichtigsten Aspekte des Saturn-Zyklus (Konjunktion, Quadrat und Opposition) in Beziehung setzen zu den Bereichen der *Stadien des menschlichen Lebens*, die mit Saturn zu tun haben. Die Tatsache, daß die Übergangsperioden mit den harten Aspekten zusammenfallen, erscheint dabei nur logisch: Bevor du eine Veränderung unternimmst, mußt du erkennen, in welcher Lage du dich befindest.

♄□♄ ***Saturn/Saturn-Quadrat*** (20 - 22)

Die erste Phase, die in der Untersuchung angeführt ist, ist der *Übergang ins frühe Erwachsenenalter* zwischen 17 und 22. Jeder Mensch erlebt zwischen 20 und 22 das Saturn/Saturn-Quadrat. Die tiefere Bedeutung dieser Lebensphase liegt darin, die Adoleszenz hinter sich zu lassen und wirklich erwachsen zu werden. Gemäß Levinson gilt es nun, zwei Aufgaben zu erfüllen (welche wir als saturnisch bezeichnen können): 1. *Die Welt, in der der Jugendliche gelebt hat, infragezustellen; die Beziehung zu wichtigen Personen, Gruppen oder Institutionen auf eine andere Art zu gestalten oder zu beenden; das eigene Selbst, das seinen Anteil an den Dingen gehabt hat, neu zu bewerten und zu modifizieren*. Und 2. ... *eine erwachsene Identität zu begründen* (S. 56). Die Art und Weise, auf die das vor sich geht, hängt natürlich von der Beschaffenheit des Geburtshoroskops sowie den Umständen, in der der Mensch aufgewachsen ist, ab – grundsätzlich aber handelt es sich um dieselben Prinzipien.

♄☌♄ ***Erste Saturn-Wiederkehrt*** (28 - 30)

Der *Übergang in das Alter um die 30* umfaßt die erste Saturn-Wiederkehr (zwischen 28 und 30). Levinson schreibt dazu: *Dieser Übergang, der sich ungefähr von 28 bis 33 hinzieht, liefert die Gelegenheit, sich mit dem auseinanderzusetzen, was im ersten Abschnitt des Erwachsenenalters falsch gelaufen ist. Es besteht nun die Chance, befriedigendere Strukturen zu finden. Gegen 28 endet das «Provisorische» der Zwanziger, und das Leben wird ernster und «realistischer»* (S. 58). Ob es einem Astrologen möglich gewesen wäre, eine bessere Beschreibung für die Saturn-Wiederkehr zu finden? Des weiteren: *Die Struktur des Lebens am Ende dieser Übergangsphase ist eine andere als die zu Beginn* (S. 58). Ob du zu dieser Zeit an deinen Pflichten festhältst oder Veränderungen vornimmst – du kommst nicht umhin, dich mit diesen Themen zu beschäftigen. Bei dieser Übergangsphase handelt es sich um die Vorbereitung zum *Sich-Etablieren* beziehungsweise dazu, eine zweite Lebensstruktur zu errichten. Die erste Saturn-Wiederkehr ist, astrologisch gesehen, das Ende der ersten und der Beginn der zweiten Lebensphase.

♄□♄ ***Saturn/Saturn-Quadrat*** (35 - 38)

Das darauffolgende Saturn-Quadrat ergibt sich zwischen 35 und 38. Hierbei handelt es sich um den einzigen Spannungsaspekt des Zyklus, der nicht mit einer Übergangsphase zusammenfällt, wie sie anhand der Erlebnisse der Testpersonen definiert wurden. Allerdings gibt es die im vorigen Kapitel beschriebene Phase des *Sein-eigener-Meister-Werden.* Wir haben gesehen, wie wichtig es beim Jupiter-Prinzip war, einen Förderer zu finden. Die mit Saturn verbundene Aufgabe liegt aber nun darin, sich freizumachen vom Förderer, um *ein wichtiges Mitglied der Gesellschaft zu werden und eigenständig Autorität zu verkörpern* (S. 60).

♄☍♄ ***Saturn/Saturn-Opposition*** (42 - 46)

Der *Übergang ins mittlere Erwachsenenalter* spielt sich zwischen 40 und 45 ab. Von allen Übergangsperioden ist er der komplexeste sowie derjenige, über den am meisten geschrieben worden ist. Aus astrologischer Sicht ergibt sich in ihm das Neptun/Neptun-Quadrat sowie Aspekte innerhalb der Zyklen von Jupiter, Uranus und Saturn. Dieser Lebensabschnitt wird manchmal die «zweite Adoleszenz» genannt, was insbesondere im Hinblick auf Saturn interessant ist, weil es hier zur zweiten Opposition (zwischen 42 und 46) kommt. Die erste Saturn/Saturn-Opposition findet statt zwischen 13 und 15 Jahren – zur Zeit der Pubertät, wenn sich der Mensch vom Kind zum Adoleszenten beziehungsweise später zum Erwachsenen entwickelt.

Vielerlei Dinge spielen beim *Übergang ins mittlere Erwachsenenalter* hinein – wie es zu erwarten ist, wenn der Symbolismus von Jupiter, Saturn, Uranus und Neptun zum Tragen kommt. Die Aufgabe, die mit Saturn zusammenhängt, besteht gemäß Levinson darin, *die Phase des frühen Erwachsenenalters zum Abschluß zu bringen. Es geht darum, einen Rückblick auf diese Lebensphase zu unternehmen und die eigenen Handlungen zu beurteilen* (S. 191).

Wir können uns nicht weiter auf die Studie beziehen, weil in ihr keine Menschen zu Wort kommen, die älter als 45 Jahre waren (es wurde nur ein spekulativer Ausblick auf die folgenden Phasen gegeben). An diesem Punkt aber möchte ich die Zeitspanne, die dort angegeben ist, infragestellen. Die Konzepte, die den späteren Zeitabschnitten zugrundeliegen, sind ja schon gemäß den früheren definiert, und dem Astrologen ist es möglich, sich zum Beispiel an den Spannungsaspekten des Saturn-Zyklus zu orientieren. Wir können die Bedeutung jedes Stadiums dadurch erschließen, daß wir untersuchen, was sich ereignete, als es das letzte Mal zum gleichen Aspekt kam. Zum Beispiel können wir das zweite Saturn-Quadrat des zweiten Saturn-Umlaufs, welches sich zwischen 50 und 52 ergibt, mit dem Saturn-Quadrat vergleichen, das sich mit etwa 36 ereignet. Das zweite Quadrat markiert ebenso wie das erste das Ende einer Lebensphase. Die Einzelheiten werden einander nicht hundertprozentig entsprechen – es geht aber um die gleichen Prinzipien. Im Grunde mußt du nur erkennen, wie die Prinzipien sich bei anderen Umständen auf eine andere Art auswirken. Insofern bietet zum Beispiel der Saturn-Zykus die Gelegenheit, die individuellen Fortschritte auf dem Gebiet des Konkreten und Materiellen zu messen. Anhand des Jupiter-Zyklus kannst du etwas über Wachstum und Entwicklung in seiner Gesamtheit erfahren, mit Saturn geht es eher um das konkret Greifbare.

Wenn du Saturn-Transite erlebst (entweder Aspekte innerhalb des Saturn-Zyklus oder aber Transite zu anderen Planeten oder Punkten deines Horoskops), kommst du nicht umhin, dich mit der materiellen Welt auseinanderzusetzen. Jupiter, Uranus, Neptun und Pluto haben oftmals mit Entwicklungen zu tun, die sich im Inneren abspielen – Saturn dagegen steht in den meisten Fällen für das, was zu sehen ist. Selbst dann, wenn es sich um einen Transit zum Mond handelt – der ja die Gefühlswelt symbolisiert –, wirst du das Bedürfnis haben, dir über die Emotionen klarzuwerden und sie im Rahmen von bestimmten Angelegenheiten oder genau definierten Situationen zum Ausdruck bringen wollen.

♄➤☉ ***Saturn-Transite zur Sonne*** zeigen, daß du nun die Bedürfnisse deines Egos in Betracht ziehen solltest. Vielleicht ergibt sich der Anlaß dazu aufgrund der Tatsache, daß du dich nicht in einem genügenden Maße akzeptiert fühlst oder deshalb, weil du den Drang nach größeren Leistungen zu deiner Selbstbestätigung verspürst. Eines der Schlüsselworte für Saturn ist Klarheit – unter Saturn-Aspekten hast du die Gelegenheit, Ziele zu bestimmen, deine Vorgehensweise zu überprüfen und konkrete Fortschritte zu erzielen.

Einer meiner Klienten, der in der Musik-Branche tätig ist, hat von diesen Ratschlägen profitieren können. Dieser Mann hatte das Bedürfnis, ein «Superstar» zu werden. Sein Horoskop zeigt, daß ihm nichts schnell genug geht. Er war in der glücklichen Lage, im Alter von 21 Jahren als Voll-Profi arbeiten und genug verdienen zu können. Alles schien sich zu seinen Gunsten zu entwickeln – bis zu dem Moment, in dem der Transit-Saturn auf seiner Geburts-Sonne stand. Zu dieser Zeit schien seine Karriere an einem toten Punkt angelangt zu sein. Seine Worte dazu waren: »Ich bringe es zu nichts in meinem Job. Und ich bekomme nicht die Anerkennung, die ich haben möchte.« Ich erinnerte ihn daran, daß er im Vergleich zu anderen mit seinen damals 23 Jahren schon sehr weit gekommen war und riet ihm, daß er nach seinem schnellen Aufstieg nun einmal Bilanz ziehen und erkennen sollte, wo er sich noch verbessern konnte. Der Saturn-Symbolismus im Hinblick auf seine Sonne brachte zum Ausdruck, daß er sich auf ernsthafte Weise um die Anerkennung der anderen bemühen mußte. Der Musiker gab zu, daß er noch einiges Grundlegende für seinen Beruf lernen konnte, und er kam dann dazu, diese Phase als eine Art Lehrzeit zu betrachten. Nachdem er diese Entscheidung getroffen hatte, wurde er ruhiger und verbrachte viel Zeit mit intensivem Üben. Einige Monate danach rief er mich an, um mir mitzuteilen, daß sein Leben nun besser verlief. Es war ihm nun auch möglich zu produzieren, und er gab anderen jetzt auch Anweisungen – was ein Hinweise darauf ist, daß er seine Hausaufgaben gemacht hat. Ich fragte ihn, ob ihm nun mehr Anerkennung zuteil würde. Er dachte einen Augenblick nach und sagte dann: »Ja – das kommt noch dazu.«

♄➤☽ ***Saturn-Transite zum Mond*** äußern sich im allgemeinen nicht auf so auffällige Weise wie die eben beschriebenen Transite zur Sonne. Unter ihnen machst du die Erfahrung, daß dir der Ausdruck deiner Gefühle schwerfällt. Das kann seinen Grund in deiner Persönlichkeitsstruktur haben oder auch im Gefühl der Unterdrückung oder Ignorierung durch andere. Wie dem auch sein mag – dich mit deinen Emotionen innerlich auseinanderzusetzen, ist nicht genug. Du mußt deine Gefühle nun auch im Äußeren zum Ausdruck bringen. Vielleicht erlebst du diesen Transit als Depression und Selbstmitleid, und es ist auch okay, dich eine Zeitlang diesen Gefühlen hinzugeben. Du kannst dir nun Gedanken machen, welche Dinge dich deprimieren, und vielleicht hilft dir das zu erkennen, wo die Probleme liegen. Nachdem du hier zu Erkenntnissen gekommen bist, solltest du aktiv werden und das korrigieren, was falsch läuft. Eine andere Entsprechung läge darin, Pflichten (Saturn) gegenüber der Mutter (Mond) zu übernehmen. Beim Klären deiner Gedanken kommst du vielleicht zu der Entscheidung, etwas für deine Mutter zu tun oder alte Mißverständnisse auszuräumen. Es mag den Anschein haben, daß dies eine recht triviale Interpretation ist – ich habe aber häufig die Erfahrung gemacht, daß Klienten zu diesen Zeiten Schwierigkeiten in der Beziehung zu ihrer Mutter ausräumten.

♄➤☿ ***Saturn-Transite zum Merkur*** bringen eine Zeit mit sich, in der du dich in der Kommunikation mit anderen gehemmt fühlen könntest. Vielleicht fällt es dir jetzt schwer zu sagen, was du denkst, oder du beklagst dich, daß dir niemand zuhört. Möglicherweise leidest du aber auch darunter, daß du dich selbst zu sehr kritisierst. Es ist die Angst vor Fehlschlägen, die zu Blockaden in der Kommunikation führt. Überlege dir genau, was du sagen willst, und übe die wichtigsten Punkte deiner Rede ein. Dies erfordert eine gewisse Anstrengung – du wirst aber die Feststellung machen, daß dir unter diesen Aspekten die Klärung deiner Gedanken keine Schwierigkeit bereitet. Das Aufschreiben kann diesen Prozeß unterstützen. Ich habe für mich entdeckt, daß diese Transite immer mit dem Drang einhergehen, etwas Wichtiges zu Papier zu bringen. Und jetzt, wo ich dieses niederschreibe, steht der Transit-Saturn stationär im Quadrat zu meinem Geburts-Merkur.

♄➤♀ ***Saturn-Transite zur Venus*** werden häufig als Hemmnis beim Ausdruck von Zuneigung und als Problem für Liebesbeziehungen gesehen, und manchmal bedeuten sie das Ende einer Verbindung. Allerdings werden dem Planeten Saturn auch Sicherheit und Stabilität zugeschrieben. Du kannst nach Letzterem streben – statt nach dem Unglück. Eine Studentin, die eine schwierige Beziehung führte, kam eines Abends außerordentlich erregt zum Unterricht: «Stellt euch vor – wenn wir zusammen in Urlaub fahren, steht Saturn genau in Opposition zu meiner Venus. Vielleicht sollte ich besser zu Hause bleiben.« Jemand aus dem Kurs fragte sie, wie sie sich fühlen würde, wenn sie allein zu Hause bliebe. »Schrecklich«, sagte sie. »Das ist die eine Weise, wie sich der Transit manifestieren könnte«, sagte der Student, der die Frage gestellt hatte, und fuhr zu reden fort: »Und vielleicht findet dein Freund eine neue Partnerin, und die Beziehung geht zu Ende. Das wäre eine noch deutlichere Auswirkung.« Diese von Weisheit getragenen Wort halfen der Frau, sich für die Reise zu entscheiden. Der Urlaub nahm dann einen anderen Verlauf, als sie befürchtet hatte. Die Frau hatte für sich beschlossen, sich auf die positiven Saturn-Prinzipien zu beziehen, und brachte während der Reise die Punkte zur Sprache, die sie an der Partnerschaft störten. Sie sagte später, daß die andere Umgebung die Diskussion leichter machte, und als sie zurückkehrte, fühlte sie sich der Beziehung viel sicherer. Wenn es zum Zeitpunkt einer Hochzeit Aspekte zwischen Saturn und Venus gibt, ist das oftmals ein Hinweis darauf, daß die Verbindung von Dauer ist.

♄➤♂ ***Saturn-Transite zu Mars*** können dafür genutzt werden, auf entschiedene Weise in Aktion zu treten. Wenn sich beim Erreichen von Zielen Hindernisse ergeben, kannst du jetzt feststellen, wo die Ursache dafür liegt. Möglicherweise erkennst du nun, daß deine Wahl nicht die beste gewesen ist oder, daß du einige Hindernisse aus dem Weg räumen mußt, bevor du loslegen kannst. Mit Saturn kann es den Anschein haben, als würde sich das Tempo verlangsamen. Was aber den Ablauf der Geschehnisse in ihrer Gesamtheit angeht, zeigt er im allgemeinen den direkten Weg.

♄➤♃ ***Saturn-Transite zu Jupiter*** könnten als Hemmnis deiner Entwicklung gesehen werden – sie stellen aber in Wirklichkeit Zeiten der Konsolidierung dar. Diese Phasen können dazu genutzt werden, Neues in seinem Wesen zu erkennen und anzuwenden. Sie stehen auch dafür, daß du achtgeben mußt, dich nicht auf zuviel einzulassen. Wenn du dich bei deinen neuen Aktivitäten frustriert fühlst, liegt das vielleicht daran, daß du zuviel machst. Möglicherweise solltest du dich aber auch fragen, ob deine Hoffnungen deinen Einsatz wirklich wert sind.

♄➤♅ ***Saturn-Transite zu Uranus*** bedeuten vielleicht, daß du Probleme damit hast, deine Freiheit und Unabhängigkeit zu bewahren. Verantwortung, Pflichten oder auch Schuldgefühle können es jetzt mit sich bringen, daß du meinst, in einem Käfig zu stecken. Du könntest dich nun darüber beklagen, daß du nicht machen kannst, was du willst – und wenn du das tust, ist es sehr wahrscheinlich, daß du dich frustriert und überladen fühlst. Wenn du aber diese Zeit als Phase ansiehst, in der du dir über deine Pflichten klarwerden und Wege zur effektiven Pflichterfüllung entdecken kannst, wirst du dich letztendlich befreit fühlen. Diese Aspekte stellen auch günstige Gelegenheiten für den Ausdruck von Kreativität und originellen Ideen dar.

♄➤♆ ***Saturn-Transite zu Neptun*** bedeuten möglicherweise, daß blindes Vertrauen enttäuscht wird. Vielleicht verspürst du jetzt das Bedürfnis, deine spirituellen Überzeugungen konkret werden zu lassen. Genausogut denkbar wäre aber auch, daß dein Glaubenssystem nun tiefe Risse erhält. Vielleicht fühlst du dich von anderen hintergangen und meinst, daß du ausgenutzt wirst oder daß deine Hilfsbereitschaft falsch interpretiert wird. Die bewußte Entscheidung für eine Sache oder eine Person, die deinen Einsatz wirklich wert ist, kann dir helfen, Gefühlen der Schuld oder des Ärgers zu begegnen. Das erfordert aber, daß die Verpflichtungen, die du dir auferlegst, wirklich etwas mit dir zu tun haben. Der konkrete Ausdruck der nicht-materiellen Dinge des Lebens kann jetzt eine sehr befriedigende Wirkung auf dich haben. Zum Beispiel könntest du nun einer Religionsgemeinschaft beitreten, die deine Ansichten teilt, was dir eine größere Sicherheit sowie ein besseres Verständnis im Hinblick auf deine Vorstellungen geben kann. Neptun kann auch eine künstlerische Betätigung bedeuten, und möglicherweise triffst du nun die Entscheidung, Ballett- oder Musik-Unterricht zu nehmen.

♄➤♇ ***Saturn-Transite zu Pluto*** hängen mit dem Thema Macht zusammen. Vielleicht fühlst du dich nun herausgefordert, weil jemand dich zu kontrollieren versucht. Gleichfalls denkbar wäre es, daß du unter diesen Transiten deinerseits eine Position der Stärke zu erreichen versuchst, und vielleicht kommt es dabei darauf an, Autorität und Macht rücksichtsvoll einzusetzen. Je kontrollierter du hier vorgehst, desto mehr Erfolg wirst du haben. Eine andere Auswirkung dieses Transits ist es, den Dingen auf den Grund zu gehen. Wenn du versuchst, Gefühle der Unzufriedenheit zu ignorieren, werden sich unangenehme Situationen ergeben. Du solltest nun den Problemen ins Auge sehen und um Klarheit bemüht sein (Saturn). Wenn du dies getan hast, kannst du die Hindernisse aus dem Weg räumen, indem du das Unbefriedigende in etwas Besseres transformierst (Pluto).

♄➤☊☋ ***Saturn-Transite zu den Mondknoten*** bringen es manchmal mit sich, daß der Mensch unter seinen Pflichten zusammenzubrechen glaubt. Du könntest nun den Wunsch verspüren, dich von denjenigen zu trennen, die dich nur deine Energie kosten. Allerdings halten dich vielleicht Verlustängste davon ab, tatsächlich die Trennung zu vollziehen. Es ist einfacher für dich, den Schlußstrich zu ziehen, wenn du dir überlegst, auf wen du dich wirklich verlassen kannst. Konzentriere dich auf die Beziehungen zu diesen Leuten.

♄➤⊗ ***Saturn-Transite zum Glückspunkt*** bedeuten vielleicht, daß der Weg zur Erfüllung versperrt ist – daß das, was du erreichen möchtest, jetzt jenseits deiner Möglichkeiten ist. Es könnte dir nun schwerfallen, das Gefühl deiner Ganzheitlichkeit zu bewahren. Wenn du aber andererseits untersuchst, wie es um die einzelnen Facetten deines Wesens bestellt ist und worauf du bauen kannst, erhältst du die Chance, dir über deine Richtung und Ziele klarzuwerden.

♄➤MC ***Saturn-Transite zum MC*** stehen für Zeiten, in denen du dich mit Ernsthaftigkeit und Aufrichtigkeit der Welt präsentieren solltest. Vormals geleistete harte Arbeit wird nun belohnt – Falschheit und Nachlässigkeit aber können zu

Fehlschlägen führen. Hierin liegt der Grund, daß es unter diesen Transiten sowohl zu Beförderungen als auch zu Entlassungen kommen kann. Möglicherweise entdeckst du jetzt, daß noch viel zu tun ist. Wenn du aber die Aufgaben klar strukturierst und eine nach der anderen erledigst, kannst du außerordentlich viel erreichen.

♄➤AC ***Saturn-Transite zum Aszendenten*** ähneln denen zum MC insofern, als daß du auch jetzt das tun solltest, was du für richtig hältst. Hier aber geht es mehr um das, was mit deiner persönlichen Richtung und deinen eigenen Verpflichtungen zu tun hat. Du mußt dir jetzt darüber klarwerden, wer du eigentlich bist – unabhängig von deiner Rolle in der Welt. Wenn du nicht zufrieden mit dem Eindruck bist, den du auf andere machst, könntest du in Depressionen verfallen – oder aber mit saturnischer Disziplin daran arbeiten, Verbesserungen zu erzielen.

Saturn-Transite durch die Häuser

Beim Transit von Saturn durch die Häuser bist du gefordert, Strukturen und Ziele hinsichtlich des betreffenden Lebensbereiches zu entwickeln. Dieser Transit zieht sich im Durchschnitt über zweieinhalb Jahre hin – Zeit genug, hart für die angestrebten Ziele zu arbeiten und die Früchte der Anstrengungen zu ernten. Vor einigen Jahren, als der Transit-Saturn in Konjunktion zu meinem Aszendenten stand, las ich eine Interpretation des Saturn-Laufs durch die Häuser. In dem Buch wurde die Behauptung aufgestellt, daß wir uns von der Welt zurückziehen müßten, wenn der Saturn über den Aszendenten läuft - und zwar für 14 Jahre, solange, bis Saturn in das 7. Haus tritt. Ich fand dies recht deprimierend (was allerdings eine gute Entsprechung für Saturn in Konjunktion zum Aszendenten ist) – ich bin ein Löwe, und der Löwe ist nicht gerade glücklich über die Vorstellung, sich für lange Zeit in einem Keller verkriechen zu müssen. In der Folge machte ich aber die Entdeckung, daß das gar nicht nötig war. Es genügte, das Haus, in dem Saturn nun stand, im Hinblick auf die Saturn-Probleme für sich allein zu behandeln – der Rest des Lebens konnte auf die gewohnte Art und Weise weitergehen. Es ist zum Beispiel möglich, an deinem Selbstausdruck zu arbeiten, während du im Kontakt mit der äußeren Welt stehst. Und gerade diese Auseinandersetzung gibt dir die Chance, ein Feedback von anderen zu erhalten. Wenn du für dich allein bist, geht das nicht.

♄ 1 ***Saturn im 1. Haus:*** Fühle dich unterlegen, weil du dich für minderwertig hältst... Oder: Arbeite fleißig an deinem Auftreten oder überprüfe, wie es um deine persönliche Verantwortung steht.

♄ 2 ***Saturn im 2. Haus:*** Beklage dich darüber, daß du niemals Geld hast... Oder: Sei vorsichtig beim Geldausgeben, trage Erspartes zur Bank.

♄ 3 ***Saturn im 3. Haus:*** Brüte deine Ideen in dir aus und laß niemanden teilhaben... Oder: Führe ernsthafte Gespräche und schreibe auf, was dir wichtig ist.

♄ 4 ***Saturn im 4. Haus:*** Gib dich dem Gefühl hin, daß deine Umgebung dich beschränkt... Oder: Bringe deine Wohnung in Ordnung, übernimm zu Hause Verantwortung.

♄ 5 ***Saturn im 5. Haus:*** Mache deine Kinder oder deine Kreativität nieder... Oder: Gib den Kindern Verhaltensrichtlinien an die Hand oder beginne ein künstlerisches Projekt, das dir vielleicht einmal Anerkennung einbringen wird.

♄ 6 ***Saturn im 6. Haus:*** Werde krank... Oder: Lege ein Schema für deinen Tagesablauf fest oder nimm eine schwierige Aufgabe, die erledigt werden muß, in Angriff.

♄ 7 ***Saturn im 7. Haus:*** Fühl' dich unglücklich mit deinem Partner... Oder: Verpflichte dich innerhalb einer ernsten Beziehung oder überprüfe die Probleme, die Auswirkungen auf Beziehungen haben könnten.

♄ 8 ***Saturn im 8. Haus:*** Lehne jede Hilfe von anderen ab... Oder: Gehe sehr vorsichtig mit dem Geld anderer um oder bemühe dich um Sicherheit in deinem Sexualleben.

♄ 9 ***Saturn im 9. Haus:*** Vermeide alles, was dich weiterbringen könnte... Oder: Schließe dich einer Religionsgemeinschaft an oder mache sorgfältige Planungen für eine lange Reise.

♄ 10 ***Saturn im 10. Haus:*** Fühl' dich in deinem Beruf frustriert und setze alles daran, deinen Job zu verlieren... Oder: Widme deiner Karriere Zeit und Energie, sei aufrichtig bei deinem Kontakt mit der Welt.

♄ 11 ***Saturn im 11. Haus:*** Weigere dich standhaft, dich mit Gruppen auseinanderzusetzen, begrenze dein soziales Leben... Oder: Lehre andere etwas, was du gut kannst.

♄ 12 ***Saturn im 12. Haus:*** Gib dich dem Gefühl von Depression und Selbstmitleid hin... Oder:Versuche deine verborgenen Antriebskräfte zu verstehen oder übernimm Verantwortung in einer Institution.

Der alchimistische Umgang mit Saturn-Transiten

Ich habe bei meinen Ausführungen das Element der Arbeit betont. Es ist so, daß der Mensch in saturnischen Phasen oftmals das Gefühl hat, überarbeitet zu sein. Vielleicht ist soviel zu tun, daß er gar nicht weiß, wo er anfangen soll. Dies kann möglicherweise dazu führen, überhaupt nichts zu tun. Ist dies der Fall, kommt es vielleicht zu Schuldgefühlen oder zu Projektionen, indem andere für die eigene Untätigkeit verantwortlich gemacht werden. In unserer alchimistischen Betrachtungsweise können wir hiermit leicht umgehen. Wir brauchen nur Listen mit Dingen anzulegen, die zu erledigen sind. Diese Art der Visualisierung hilft dabei, Prioritäten zu setzen. Du *siehst* auf diese Weise, was erledigt werden muß. Du kannst hier auch mit Zahlen festlegen, in welcher Reihenfolge die Aufgaben gemacht werden müssen. Konzentriere dich dann zunächst auf die erste Sache und streiche sie durch, wenn sie erledigt ist. Das kann dir Schwung geben, das nächste Projekt in Angriff zu nehmen, und mit jedem Ausstreichen wird deine Befriedigung zunehmen.

Diese Art der Auflistung kann dir auch dabei helfen, Entscheidungen zu treffen – und es hat den Anschein, als ob es unter Saturn-Transiten immer darum geht, sich für dieses oder jenes zu entscheiden. Schreibe auf der einen Seite auf, was für eine Sache spricht, und auf der anderen die Nachteile. Du kannst dann zwischen beiden abwägen. Vielleicht betrachtest du zuerst nur, wie lang die beiden Spalten im Vergleich zueinander sind – wenn also zehn Punkte für etwas und nur vier dagegen sprechen, könnte dies ein »Ja« nahelegen. Du solltest aber auch noch den inhaltlichen Aspekt berücksichtigen. Du wirst schießlich die Erfahrung machen, daß dir auf diese Weise die Entscheidung außerordentlich leichtfällt – so leicht, daß du dich fragst, wo du eigentlich überhaupt das Problem gesehen hast.

Den Erfolg dieser Technik können wir am Beispiel einer Frau demonstrieren, die in ihrem Horoskop ein Stellium von sechs Planeten im Zeichen Löwe im Quadrat zu Saturn im Zeichen Skorpion hat. Als sie zum ersten Mal zu mir kam, stand der Transit-Saturn auf dem Stellium beziehungsweise im Quadrat zum Geburts-Saturn. Sie war zu der Zeit für das letzte Jahr auf dem College, stöhnte über die viele Arbeit, die vor ihr lag, und hatte ernsthafte Zweifel, ob sie den Abschluß schaffen würde. Ich schlug ihr vor, Listen aufzustellen, was ihr im ersten Moment etwas merkwürdig erschien. Aber sie war in dem Zustand, in dem sie jeden Ratschlag bereitwillig aufgriff. Sie war dann überrascht darüber, daß innerhalb von kurzer Zeit alles wie von selbst zu laufen schien. Weil der Transit sieben ihrer Geburts-Planeten über Monate hinweg aktivierte, war es für sie nicht mit einer Liste getan. Jedes Mal, wenn sie Gefühle der Depression oder Überlastung in sich aufsteigen spürte, schrieb sie auf, was zu erledigen war. Dies munterte sie aufs Neue auf und erfüllte sie mit neuer Motivation. Die Belohnung erfolgte in den besten Noten, die sie jemals in der Schulzeit bekommen hatte, einem akademischen Grad, einem Ehemann und einer Stellung, die ihrer College-Ausbildung bestens entsprach. Ein Jahr später sagte sie mir, daß dieser Zeitraum der schönste ihres Lebens gewesen sei. Die Schwierigkeiten, die ihre Aufmerksamkeit erregt und die sie schließlich überwunden hatte, waren nun kein Thema mehr – sie waren schon vollständig aus ihrem Bewußtsein verschwunden. Es waren die dauerhaften Resultate, die sie nun mit diesem Zeitraum in Verbindung brachte.

Eine andere alchimistische Herangehensweise an Saturn besteht darin, die Dinge in Ordnung zu bringen - im buchstäblichen Sinn des Wortes. Saturn kann in einem Chaos nicht auf positive Weise zum Ausdruck kommen. Wenn du zum Beispiel dein Arbeitszimmer aufräumst und unwesentliche Dinge zur Seite tust, bedeutet das aus unerfindlichen Gründen einen Ansporn dafür, auf eine andere Art und Weise zu arbeiten.

Ein letzter Punkt, auf den sich die alchimistische Betrachtungsweise richten kann, ist das saturnische Verantwortungsgefühl. Zunächst einmal mußt du hier akzeptieren, daß Saturn tatsächlich für Verantwortung steht. Wenn du vor deinen Pflichten davonläufst, werden unweigerlich Gefühle von Schuld oder Unzufriedenheit die Folge sein – immer noch in Verbindung mit dem Bestreben, der Last zu entkommen. Wenn du das, was der Augenblick erfordert, leugnest und nichts tust, ist es sehr wahrscheinlich, daß nur die Saturn zugeschriebene Negativität zum Tragen kommt. In dem Moment aber, in dem du wirklich Verantwortung für etwas übernimmst, kannst du die Feststellung machen, daß bestimmte, unangenehme Dinge kein Thema mehr für dich sind. Und wenn du dann hierzu gefragt wirst, kannst du guten Gewissens sagen, daß du schon andere Pflichten übernommen hast. Du kannst dann ohne weiteres und ohne dir Vorwürfe machen zu müssen, etwas ablehnen.

Uns kommt oftmals zunächst die beschränkende, begrenzende Seite von Saturn in den Sinn. Versuche aber, dir immer vor Augen zu halten, daß dieser Planet auch für Sicherheit, Errungenschaften und Erfolg steht. Vielleicht hat es den Anschein, daß er Entbehrungen bedeutet. Es kann sein, daß du das Gefühl hast, als würde eine Zentnerlast auf dir liegen – mit einer gewissen Anstrengung kannst du daraus aber ein wirklich tragfähiges Fundament machen.

Kapitel 5

Uranus-Transite

Der Uranus-Zyklus umfaßt rechnerisch 84,02 Jahre. Uranus befindet sich etwa sieben Jahre lang in einem Tierkreiszeichen und bewegt sich mit einer maximalen Geschwindigkeit von vier Minuten pro Tag durch den Zodiak. Daraus ergibt sich die durchschnittliche Wirkungsdauer von einem Monat für einen Transit.

⛢ Uranus-Schlüsselfunktion

Veränderung, Unabhängigkeit, Kreativität und Originalität. In gewisser Weise haben alle Transit-Planeten mit Änderungen in unserem Leben zu tun – Uranus aber ist es, der die plötzlichen und unvorhersehbaren Veränderungen symbolisiert.

Welche Gefühle Uranus-Transite hervorrufen können

Mit Uranus ist ein drängendes Verlangen verbunden. Wenn Uranus im Transit Planeten oder Punkte deines Geburtshoroskop aspektiert, kann es sein, daß du das Bedürfnis verspürst, deine Umgebung oder deine Einstellung zu verändern. Dir werden nun Ideen in den Kopf kommen, die du unverzüglich in die Realität umsetzen willst, und es fehlt nun an der notwendigen Geduld, die Dinge erst einmal zu durchdenken. Dies entspricht den Auswirkungen, die mit Mars verbunden sind – wozu aber gesagt werden muß, daß Mars-

Transite nur für kürzere Zeiträume wirksam sind. Insofern fallen Ungeduld und Unvorsichtigkeit unter Uranus-Transiten deutlicher ins Auge.

Uranische Phasen können sehr stimulierend wirken, aber auch von großer Unsicherheit gekennzeichnet sein. Die Betonung liegt hier darauf, daß das Trennende zwischen den Dingen deutlich wird – wobei aber nicht klar ist, in welche Richtung das eigentlich zielt. Es kann sein, daß du nun mehrfach deine Meinung änderst und vielleicht sogar selbst deine geistige Verfassung infragestellst – was seinen Grund darin hat, daß du so unbeständig bist. Dein Geist wird jedenfalls immer in Bewegung sein, und brilliante Ideen werden sich mit eher befremdlichen abwechseln. Du kannst dich in dieser Zeit überaus kreativ oder auch auf eine etwas seltsame Weise anderen gegenüber darstellen.

Es ist davon auszugehen, daß du dich in diesen Phasen rastlos fühlst und begierig nach Aufregung suchst. Wenn du deine Energie nicht aktiv zum Ausdruck bringst, könntest du nun zu Nervosität und einem sprunghaften und unberechenbaren Wesen neigen. Kennzeichnend ist, daß du jetzt Individualität und Unabhängigkeit beweisen willst. Dies könnte sich im bestimmten Eintreten für die persönliche Freiheit oder aber in ziellosen Aktivitäten äußern, die lediglich dem vagen Wunsch entspringen, irgendwie anders als die anderen zu sein.

Wie Uranus-Transite genutzt werden können

Wenn du dich bereits damit beschäftigt hast, Veränderungen durchzuführen, könntest du diese unter Uranus-Transiten in die Realität umsetzen. Sei aber vorsichtig und schlag' keine Türen zu, solange du nicht weißt, wohin dein Weg führt. Betrachte diese Phasen als Test. Bevor du kopfüber ins Wasser springst, mußt du wissen, ob es tief genug ist – die Auswirkungen könnten sonst nichts mit dem zu tun haben, was du gewollt hast. Ein Beispiel hierfür stellt eine meiner Klientinnen dar, die im Jahre 1952 mit einer Saturn/Neptun-Konjunktion im 7. Haus geboren wurde. Eines Morgens – zu der Zeit, als der Transit-Uranus auf dieser Konjunktion stand –, erwachte sie und war davon überzeugt, daß sie zu ihrem Freund nach Kalifornien ziehen müßte. Sie gab am gleichen Tag ihre Stellung auf, ging nach Hause, packte ihre Sachen und flog ab. Sie ging davon aus, daß es eine wunderbare Überraschung für ihren Freund sein würde, sie zu sehen – aber es war an ihr, überrascht zu sein... Als sie bei ihm war, mußte sie die Feststellung machen, daß er mit einer anderen Frau zusammenlebte. Es dauerte Monate, bis sie ihr Leben wieder in Ordnung gebracht hatte.

Die Botschaft dieses Transits war eindeutig. Meine Klientin mußte eine Veränderung (Uranus) im Hinblick auf Beziehungen (das 7. Haus) vornehmen, weil sich die Strukturen (Saturn) aufgelöst hatten (Neptun). Es gab aber verschiedene Möglichkeiten, wie sie dies hätte tun können. Wenn sie zunächst einmal ihren Urlaub dazu genutzt hätte, ihren Freund zu sehen, hätte sich wahrscheinlich auch das Ende der Beziehung ergeben – allerdings ohne den Umstand, daß ihr gesamtes Leben in Unordnung geraten wäre. Es ist nicht notwendig, daß du unter Uranus-Transiten dein ganzes Leben vollständig und sofort umkrempelst – es gibt immer Wahlmöglichkeiten. Und je besser du verstehst, auf welche Art und Weise die Planeten zum Ausdruck kommen, desto besser kannst du ihren Symbolismus zur Anwendung bringen.

♅ □ ♅ ***Erstes Uranus-Quadrat*** (18 - 23)

Alle Menschen erleben die Spannungs-Aspekte des Uranus-Zyklus ungefähr im gleichen Alter. Das erste Quadrat ereignet sich, wenn wir zwischen 18 und 23 sind. Für diejenigen, die im August des Jahres 1924 geboren sind, kam es im Alter von 22 Jahren zu diesem Quadrat. Die Menschen, die im August des Jahres 1944 zur Welt kamen, erlebten ihn mit 20 Jahren. Wenn dieser Aspekt exakt wird, bringt er das Bedürfnis nach Veränderung und Unabhängigkeit. Gemäß *Die Stadien des menschlichen Lebens* findet der *Übergang ins frühe Erwachsenenalter* zwischen 17 und 22 statt und ist gekennzeichnet von einer *tiefgreifenden Veränderung im Hinblick auf das Selbst und die Welt* (S. 78). Es ist weiterhin angegeben, daß der Adoleszent beziehungsweise der zum Erwachsenen Werdende *jetzt sein Haupt-Augenmerk auf seine Unabhängigkeit richtet und sich von den Eltern und seinem jugendlichen Selbst zu lösen versucht, das noch so eng mit diesen verknüpft ist* (S. 144). Die uranische Aufgabe dieses Zeitraums liegt darin, sich unabhängig davon, wie die Umstände auch beschaffen sein mögen, sich als eigenständige Persönlichkeit zu präsentieren – mit Levinsons Worten: *Die ersten Entscheidungen im Hinblick auf das Leben als Erwachsener zu treffen und zu überprüfen* (S. 56/57).

⛢ ☍ ⛢ ***Erste Uranus-Opposition*** (39 - 43)

Der nächste Spannungsaspekt im Uranus-Zyklus ist die Opposition, die sich ergibt, wenn der Mensch zwischen 39 und 43 ist (wiederum abhängig davon, in welchim Jahr der Mensch geboren wurde). Dieser Zeitraum erstreckt sich also vom Ende der Phase des *Sich-Etablierens* (33 – 40) bis zum *Übergang ins mittlere Erwachsenenalter* (40 – 45). Die frühe Phase des *Sich-Etablierens* enthält einen Spannungsaspekt des Saturn-Zyklus (aber keinen aus dem Uranus-Zyklus). Es geht hier darum, *das Leben gemäß der ursprünglichen Entscheidungen zu gestalten. Dies ist die Zeit, seinen Platz in der Gesellschaft zu finden, ein Unternehmen zu gründen, mit der Arbeit voranzukommen und sich um die Geschäfte zu kümmern* (S. 143). All dies sind natürlich Saturn-Konzepte – gemäß Levinsons Untersuchung aber kommt es am Schluß der Phase des *Sich-Etablierens* (während der Unterphase *Sein eigener Meister werden*) dazu, daß der Mensch *nach mehr Unabhängigkeit strebt, daß er das Bedürfnis hat, wirklich er selbst zu sein und sich von dem Druck und den Schmeicheleien der anderen unbeeinflußt zu zeigen... Der Wunsch nach Unabhängigkeit führt ihn dazu, tatsächlich das zu machen, was ihm wichtig ist, unabhängig davon, welche Konsequenzen das haben könnte* (S. 144). Es ist deutlich, daß hier Uranus ins Spiel gekommen ist. Und schließlich, in der Phase des *Übergangs ins mittlere Erwachsenenalter* (40 - 45), stellt sich mit der Uranus/Uranus-Opposition die Aufgabe, *die negativen Elemente der aktuellen Situation zu ändern und neue Möglichkeiten auszuprobieren* (S. 192).

Es fällt auf, daß die Psychologen Ausdrücke wie «erforschen» und «ausprobieren» anwenden, wenn es um Phasen geht, die uranisch geprägt sind. Dies ist begleitet von der Tatsache, daß uranische Perioden in gewisser Weise Experimente darstellen. Du solltest nach Möglichkeit versuchen, während dieser Zeitabschnitte keine unumkehrbaren Entschlüsse zu fassen. Willst du etwas erproben, solltest du dies in dem Bewußtsein tun, daß diese nicht der Weisheit letzter Schluß sein müssen.

Ich habe die Erfahrung gemacht, daß für viele Klienten unter der Uranus/Uranus-Opposition die Themen Freiheit und Veränderung am wichtigsten sind. Unter anderem kam es dabei zu den folgenden Aussagen: »Meine Kinder haben das Haus verlassen. Was soll ich jetzt mit meiner ganzen Zeit anfangen?« »Ich fühle mich in meinem Beruf unglücklich. Am liebsten würde ich ihn aufgeben.« Oder auch: »Entweder ändert sich etwas in unserer Ehe, oder ich verlange die Scheidung!« Es kann sein, daß der Mensch vor dieser Zeit vollkommen zufrieden mit seinem Leben war, nun aber im Hinblick auf bestimmte Bereiche plötzlich eine unerklärliche Unrast und Unzufriedenheit verspürt. Manchmal wird gesagt, daß das Leben schon halb vorbei oder die Zeit verschwendet worden sei. Vielleicht stellt sich der Mensch aber auch die Frage: »Was stimmt eigentlich nicht mit mir, daß ich auf einmal nicht mehr zufrieden mit meinem Leben bin?« Meine Standard-Antwort auf diese Fragen lautet: »Es ist alles in Ordnung mit dir, und du hast deine Zeit nicht verschwendet. Es ist nur so, daß du dich entwickelt hast – und bestimmte Situationen, die irgendwann zu dir paßten, entsprechen dir nun einfach nicht mehr. Es ist notwendig, daß du diese Erfahrungen gemacht hast – wie könntest du sonst wissen, was du jetzt wirklich willst?« Diese Worte haben im allgemeinen einen beruhigenden Einfluß.

Manchen Menschen fällt der Umgang mit Uranus-Themen leichter als anderen. Ich hatte einmal eine Klientin, der es schwerfiel zu akzeptieren, was unter der Uranus/Uranus-Opposition geschah. Für sie waren ihre Ziele und die Richtung ihres Lebens immer klargewesen. Sie hatte ein eigenes Restaurant besitzen wollen und dies im Alter von 35 Jahren geschafft. Sie genoß aufgrund ihrer kulinarischen Leistungen Anerkennung, und die Geschäfte gingen gut. Was sonst hätte sie noch wollen können? Als sie 40 wurde und es zur Opposition innerhalb des Uranus-Zyklus kam, fühlte sie, wie in ihr eine Leere und Langeweile aufstiegen. Ihre Worte, als sie zur Sitzung kam, waren: »Ich glaube, ich werde verrückt. Ich habe alles, was ich mir je wünschte, und plötzlich ist mir das nicht mehr genug. Ich fühle den Drang, mein Lokal zu verkaufen. Aber was sollte ich dann tun? Ich fühle mich verwirrt, aber ich weiß, daß ich etwas tun muß.«

Als erstes versicherte ich ihr, daß sie völlig normal war. Ich gab ihr die oben angeführte «Standard-Antwort» zum Thema Wachstum und Veränderung und empfahl ihr, aktiv zu werden, ohne aber gleich unumstößliche neue Realitäten zu schaffen. Mein Ratschlag bestand insbesondere darin, keine überstürzte Entscheidung in bezug auf das Verkaufen des Restaurants zu tätigen, sondern eher darauf zu achten, der Kreativität Raum zu geben. Das sah ich als Ausgangsbasis, um dann später leichter zu einem Entschluß zu kommen. Diese alchimistische Vorgehensweise funktionierte. Die Restaurant-Besitzerin machte sich daran, neue Gerichte zu kreieren, und als diese dann auf der Speisekarte standen, schwand das Gefühl der Langeweile.

♅ □ ♅ ***Zweites Uranus-Quadrat*** (60 - 65)

Das zweite Quadrat innerhalb des Uranus-Zyklus ergibt sich im allgemeinen mit 63. Zu dieser Zeit stehen ebenfalls uranische Themen im Blickpunkt. Wenn der Mensch Anfang 60 ist, naht der Abschied von der Arbeitswelt. Oftmals denken die Menschen an die Freiheit, die ihnen das eröffnet – in manchen Fällen ist damit Freude und Aufregung, in anderen Furcht verbunden. Ich habe eine Anzahl von Klienten, die unter diesem Transit neue Berufe ergriffen, welche häufig mit dem vorherigen nichts zu tun hatten.

♅ ☌ ♅ ***Uranus-Wiederkehr*** (82 - 86)

Zur Zeit der Uranus-Wiederkehr, mit etwa 84 Jahren, steht möglicherweise erneut das Thema der Unabhängigkeit im Vordergrund. In diesem Alter ist oftmals die Gesundheit ein wichtiger Faktor. Ich erlebte einmal, wie eine Nachbarin zur Zeit dieses Transits in Tränen aufgelöst zu mir kam. Ihr Sohn hatte ihr gerade mitgeteilt, daß er sie in ein Altersheim bringen wollte. Sie lebte allein und war voll und ganz in der Lage, für sich zu sorgen. Bis zu diesem Zeitpunkt hatte sie selbst niemals das Gefühl gehabt, «alt» zu sein. Und eine ihre Freizeitbeschäftigungen hatte darin bestanden, in Seniorenheimen Klavier zu spielen, um – mit ihren Worten – den «Alten» ein wenig Abwechslung zu verschaffen. Ihr Sohn ging davon aus, daß sie im Falle einer Krankheit keine Hilfe hätte, weil sie allein lebte. Daraufhin trafen sich alle Nachbarn, und wir beschlossen, jeden Tag einmal bei ihr vorbeizusehen. Das beruhigte ihren Sohn, und auf diese Weise konnte sie ihre Unabhängigkeit bewahren.

Wenn der Transit-Uranus Planeten oder Punkte des Geburtshoroskops aspektiert, bedeutet dies ein Bedürfnis nach Anregung, Freiheit und Veränderung. Dieses bezieht sich auf die Funktion oder die Facette des Wesens, das von dem aktivierten Planeten oder Punkt verkörpert wird.

♅ ➤ ☉ ***Uranus-Transite zur Sonne*** können Unzufriedenheit im Hinblick auf die Anerkennung, die dein Ego erfährt, mit sich bringen. Du hast jetzt das Bedürfnis, auf eine neue Art und Weise «auszustrahlen». Es ist nun sehr wichtig für dich, als Individuum anerkannt zu werden – insofern ist es in diesem Zeitraum vielleicht dein sehnlichster Wunsch, dich auf deine ganz persönliche Weise zum Ausdruck zu bringen. Unter diesem Transit schließt sich vielleicht die pflichtbewußte und auf das Zuhause orientierte Mutter einer Frauengruppe an, oder der für gewöhnlich unterwürfige Angestellte betätigt sich als Initiator einer Revolte am Arbeitsplatz. Ich hörte einmal von einem Fließbandarbeiter, der in einer Automobilfabrik die Türen einsetzen mußte. Er tat dies Tag für Tag und war dabei nur ein kleines Zahnrad in einer großen Maschinerie. Eines Nachmittags griff er sich ein paar Schrauben und steckte sie in das Innere der Tür. Später tat er dies bei allen Türen, die er einsetzte. Ich bin sicher, daß dies ihm das Gefühl gab, der Arbeit seinen Stempel aufgedrückt zu haben – zumindest solange, bis aufgrund der Beschwerden von Kunden die Spur bis zu ihm zurückverfolgt worden war. Er hatte seine Individualität zum Ausdruck gebracht, war darüber aber entlassen worden. Diese Geschichte lehrt uns, daß es gute und wenige gute Möglichkeiten gibt, sich Anerkennung zu verschaffen. Vielleicht solltest du dir die Konsequenzen deiner Entscheidungen genau überlegen, bevor du sie in die Realität umsetzt.

⛢ ➤ ☽ ***Uranus-Transite zum Mond*** bedeuten fortwährende Veränderung im Hinblick auf die Emotionen. Selbst die nüchternsten Menschen unterliegen zu diesen Zeiten plötzlichen Stimmungsschwankungen. Das kann insbesondere für diejenigen, die wenig Wasser-Energie im Horoskop haben, eine irritierende Erfahrung sein. Einer meiner Klienten fand hierfür ein Ventil, das ich in die Liste meiner alchimistischen Verhaltensweisen aufnahm: Er sah sich traurige Filme an. Dies lieferte ihm einen Anlaß, seinen Tränen freien Lauf zu lassen, und seinen Worten nach konnte er daraufhin die Probleme, die er zu dieser Zeit mit seiner Frau hatte, mit mehr Abstand betrachten.

⛢ ➤ ☿ ***Uranus-Transite zum Merkur*** haben möglicherweise zur Folge, daß sich die Denkprozesse beschleunigen. Du sagst vielleicht spontan Dinge, ohne dir darüber klar zu sein, was du damit anrichten könntest (wieder ein «Fettnäpfchen-Transit»). Weiterhin ist davon auszugehen, daß du deine Meinung nun häufig änderst. Ein Geistesblitz jagt den nächsten, und es fehlt dir an der Zeit und der Geduld, sie reifen zu lassen. Während dieser Zeit solltest du die Ideen, die dir in den Sinn kommen, sogleich niederschreiben oder auf Band sprechen, um später auf sie zurückgreifen zu können. Eine meiner Klientinnen ist freie Schriftstellerin. Als der Transit-Uranus im Quadrat zu ihrem Merkur stand, beklagte sie sich darüber, daß sie schlecht und unregelmäßig schlief, weil sie immer wieder mit guten Ideen für Artikel und Geschichten hochschreckte. Sie war aber zu müde, um sie sogleich niederzuschreiben. Des Morgens, wenn sie zerschlagen aufwachte, waren die Ideen verschwunden. Nach unserer Sitzung stellte sie einen Cassetten-Recorder neben das Bett. Nachts brauchte sie nur noch auf einen Knopf zu drücken und konnte dann aufs Band sprechen. Morgens hörte sie sich alles an und sortierte das verwertbare Material zur weiteren Verwendung aus. Außerdem hatte dies den Begleiteffekt, daß sie gleichmäßiger schlief, und die Nervosität und Erschöpfung verschwanden.

♅➤♀ ***Uranus-Transite zur Venus*** begünstigen kreative Unternehmungen. Wenn du in dieser Richtung über Talente verfügst, könntest du während dieser Zeit bemerkenswerte und sehr individuelle Dinge hervorbringen. Wenn du noch nie überprüft hast, wie es um deine künstlerischen Fähigkeiten bestellt ist, hast du jetzt die Gelegenheit, dich auf diesen Gebieten zu erproben. Du solltest dein Augenmerk dabei nicht nur auf die Methode oder die Arbeitsdisziplin richten, sondern auch darauf, deine Energie frei fließen zu lassen. Werde also nur dann tätig, wenn du den Drang dazu spürst. Wenn du dich antreibst, aber nicht in einer günstigen Stimmung bist, wirst du wahrscheinlich gar nichts zustandebringen. Eine andere Manifestationsmöglichkeit im Hinblick auf diesen Transit besteht in der Liebe beziehungsweise im Ausdruck von Zuneigung. Du sehnst dich nun vielleicht danach, daß deine Beziehung aufregend verläuft. Uranus/Venus kann «Liebe auf den ersten Blick» bedeuten, und wenn du allein bist, begibst du dich jetzt vielleicht in Situationen, in denen jemand auf dich aufmerksam werden könnte. Geh' auf Parties oder unternimm organisierte Ausflugsfahrten! Innerhalb der Beziehung fühlst du dich möglicherweise nun etwas gelangweilt und wünschst Veränderungen. Bevor du zu weitreichende Änderungen einleitest, solltest du versuchen, selbst für ein wohldosiertes Maß an Aufregung zu sorgen. Plane einen romantischen Abend zu zweit oder fang' mit deinem Partner ein neues, kreatives Hobby an. Es kann sein, daß das schon ausreicht, um die Partnerschaft mit neuem Leben zu erfüllen. Wenn du in der Beziehung bis zu diesem Zeitpunkt schüchtern und gehemmt gewesen bist, könntest du jetzt mehr Selbstbewußtsein gewinnen und dich offener zeigen.

♅➤♂ ***Uranus-Transite zu Mars*** können – ähnlich wie die Mars-Transite zu Uranus – viel Ungeduld und Unvorsichtigkeit mit sich bringen. Vielleicht planst du nun auch Aktivitäten, die viel Energie erfordern, aus dem Grund, daß du jetzt einfach nicht still herumsitzen kannst. Deine Fähigkeit, dich auf etwas zu konzentrieren, ist in dieser

Zeit nicht besonders entwickelt – achte also darauf, daß die Aufgaben, die du dir stellst, nicht zu umfangreich sind. Wechsle zwischen geistiger und körperlicher Aktivität – insbesondere dann, wenn du merkst, daß deine Gedanken abzuschweifen beginnen. Auch der schüchternste Mensch erlebt Phasen, in denen er genau weiß, was er will, und mit Selbstbewußtsein auftritt. Wenn du unter diese Kategorie fällst, könntest du diese Zeit dafür nutzen, die Initiative zu ergreifen und die persönlichen Bedürfnisse zum Ausdruck bringen, die sonst unter den Tisch fallen.

♅ ➤ ♃ ***Uranus-Transite zu Jupiter*** zeigen, daß du dich um neue Möglichkeiten für Wachstum und Entwicklung bemühen solltest. Du willst schnell Resultate sehen, was heißt, daß du dich nicht auf langfristige Planungen einlassen solltest – mit der Einschränkung, daß keine andere Faktoren dies nahelegen. Eine befreundete Astrologin benutzte diesen Transit, um eine Vortragsreise quer durch das Land zu machen. Sie war jeden Tag in einer anderen Stadt, so daß jeder Vortrag in einer anderen Umgebung stattfand. Auf diese Weise hatte jede Sitzung etwas Einzigartiges. Es war der Frau so auch möglich, sich durch die verschiedenen Themen und Zuhörer ein Moment der Spannung zu erhalten. Es ergab sich eine weitere Auswirkung, die vielleicht noch wichtiger war: Die Astrologin machte ihren Namen landesweit bekannt und schloß Kontakte für zukünftige Aktivitäten.

♅ ➤ ♄ ***Uranus-Transite zu Saturn*** bedeuten vielleicht, daß du dich deiner Pflichten entledigen möchtest oder zumindest Veränderungen auf diesem Gebiet anstrebst. Du könntest dir auch über deine Unzulänglichkeiten klar werden, was vielleicht ein Gefühl der Unzufriedenheit zur Folge hat. Diese Zeit eignet sich dafür, festgefahrene Verhaltensmuster abzulegen – wobei du aber mit Umsicht vorgehen solltest. Wenn es auch bei Uranus den Anschein hat, daß sofortiges Handeln notwendig ist. Nimm dir Zeit, bevor du Veränderungen durchführst. Vielleicht sind sie nicht mehr rückgängig zu machen. Wenn du ein neues Verhaltensmuster entwickelst, sollte das einen Grund haben. Die Umstände, die mit deinem Geburts-Saturn in Verbindung stehen, können dir hier nähere Informationen liefern. Der Uranus-Transit bedeutet häufig, daß du etwas auf eine völlig andere Art und Weise machen willst, und der Geburts-Saturn widersetzt sich der Veränderung. So kannst du das Wesen dieses Transits als eine Art «Tauziehen» oder als «Drahtseilakt» auffassen. Wenn du dich bewußt für kleine Veränderungen entscheidest, könntest du es vermeiden, in Extreme zu verfallen. Es steht jetzt ein bestimmter Lebensbereich im Blickpunkt, und vielleicht verspürst du das dringende Bedürfnis, deinen Job aufzugeben. Bevor du dies tust, solltest du untersuchen, was dich an der gegenwärtigen Situation stört und daraufhin für Verbesserungen sorgen. Wenn du deinen Arbeitsplatz aufgibst, ohne dir viel Gedanken gemacht zu haben, findest du dich vielleicht auf dich allein gestellt wieder oder in einer Stellung, die mit den gleichen Problemen verbunden ist. Überprüfe also zunächst, was dich an deinem Job wirklich stört. Wenn du die Wurzeln deiner Unzufriedenheit klar erkannt hast, stellst du möglicherweise fest, daß es nur Kleinigkeiten sind, die geändert werden müssen. Ergibt es sich aber, daß zuviele Dinge nicht stimmen, kannst du in dem Bewußtsein weggehen, daß du die richtige Entscheidung getroffen hast. Du kannst dann darauf achten, daß es bei der nächsten Stellung anders wird. Diese Vorgehensweise kann im Hinblick auf jeden Lebensbereich angewendet werden.

♅ ➤ ♆ ***Uranus-Transite zu Neptun*** haben Auswirkungen, die viel weniger offensichtlich als die zuletzt beschriebenen sind. Neptun hat nichts mit dem Widerstand oder der Erdung zu tun, für die Saturn steht. Das Bedürfnis nach Veränderung bezieht sich hier also auf das neptunische Nicht-Materielle oder auch auf das Spirituelle. Du könntest dich jetzt verwirrt fühlen und nicht wissen, was du tun mußt. Vielleicht hast du in einem Augenblick das Bedürfnis, dich mit einer bestimmten Religion oder Philosophie zu beschäftigen, und tust im nächsten Moment schon wieder etwas ganz anderes. Es wird jetzt in geistiger Hinsicht in deinem Kopf von Zeit zu Zeit zu blitzartigen Eingebungen kommen. Eine andere Auswirkungsmöglichkeit wäre die, daß du dich nun davon freimachen willst (Uranus), Opfer zu bringen (Neptun). Auch hier ist kennzeichnend, daß Kontinuität keine große Rolle spielt. Dieser Transit aber gibt dir die Chance, gegen diejenigen anzugehen, die dich ausnutzen. Diese Planetenverbindung kann auf die verschiedensten Weisen zum Ausdruck gebracht werden. Aufgrund der Tatsache, daß Neptun die höhere Oktave von Venus ist und Uranus unter anderem für Kreativität steht, kannst du diesen Transit auch für künstlerische Betätigungen nutzen.

♅ ➤ ♇ ***Uranus-Transite zu Pluto*** können dir als Anlaß dienen, revolutionäre Veränderungen durchzuführen – Uranus steht ja für die Veränderung und Pluto für Transformation. Wenn Uranus der Transit-Planet ist, kannst du davon ausgehen, daß sich die «Aufstände» unvermittelt ergeben – und genauso schnell vorüber sind, wie sie begonnen haben. Die Botschaft dieses Transits besteht darin, sich immer wieder der eigenen Macht zu versichern, was insbesondere dann gilt, wenn du dich von anderen starken Individuen unterdrückt fühlst. Eine eher sanfte Frau, deren Pluto im Geburtshoroskop im 9. Haus steht, machte zu ihrer eigenen Überraschung die Entdeckung, daß sie plötzlich ihre dominante Schwägerin herauszufordern begann. Dies ergab sich, als der Transit-Uranus im Quadrat zum Pluto stand. Ihre erste Reaktion war – wie das oft unter Uranus-Transiten der Fall ist –, sich zu fragen, was mit ihr nicht stimmte. Vor dieser Zeit war sie sich nicht bewußt gewesen, daß sie ihre rechthaberische Schwägerin im Grund nicht mochte. Während dieser Phase begann sie sich ihrem Herrschaftsanspruch zu widersetzen – was sich sogar auf Situationen bezog, in denen sie eigentlich mit ihr übereinstimmte. Ich brachte die Vermutung zum Ausdruck, daß möglicherweise ein unter der Oberfläche schwelendes Problem die Ursache ihrer Ausbrüche waren und daß sie mit der Pluto-Funktion darangehen sollte, etwas über die zugrundeliegenden Motive herauszufinden. Dadurch konnte sie sich der Art und Weise, wie sie ihrer Schwägerin begegnete, bewußt werden und Änderungen vornehmen. Schließlich entdeckte meine Klientin, daß sie große Schwierigkeiten damit hatte, den Einfluß der Schwägerin auf ihren Mann anzuerkennen. Diese Erkenntnis erlöste sie von den ewigen Auseinandersetzungen – die ihr sehr unangenehm waren – und ermöglichte es ihr, ihre Energie auf eine positivere Weise einzusetzen. Ich möchte allerdings an dieser Stelle darauf hinweisen, daß der Uranus-Transit zu Pluto nicht unbedingt etwas mit Beziehungen zu tun haben muß. Vielleicht beschäftigst du dich auch von dir aus mit deiner Macht oder versenkst dich in deine Psyche, um bestimmte Probleme zu überwinden.

♅ ➤ ☊ ☋ ***Uranus-Transite zu den Mondknoten*** bedeuten, daß die Verbindungen im Blickpunkt der Aufmerksamkeit stehen. Vielleicht fühlst du dich nun unzufrieden mit der Art und Weise, wie du kommunizierst, oder mit deinen Partnern. Es ist denkbar, daß sich zu dieser Phase plötzlich neue Kontakte ergeben oder daß alte ihr Ende finden. Möglicherweise treten jetzt sehr unkonventionelle Menschen in dein Leben. Meine Klienten haben die Erfahrung gemacht, daß sie während dieser Zeiten häufig alte Bekannte wiedertrafen. Bei deiner jetzt ausgeprägten Eigenschaft, originelle und andersartige Menschen anzuziehen, solltest du versuchen, dich mit den wirklich kreativen zu verbinden und weniger befriedigende Kontakte vermeiden. In der bereits bestehenden Beziehung könntest du, wenn sich Gefühle der Langeweile ergeben oder du dich bedroht fühlst, neue Aktivitäten ausprobieren oder Anstrengungen unternehmen, deine Unabhängigkeit zu beweisen.

♅ ➤ ⊗ ***Uranus-Transite zum Glückspunkt*** bringen es manchmal mit sich, daß sich der Mensch unvollständig fühlt und meint, daß etwas in seinem Leben fehlt. Der Wunsch nach

Ganzheit und Erfüllung steht jetzt im Vordergrund, aber du wirst hier immer wieder deine Ansichten ändern. Gestatte es dir, unter diesem Transit Experimente zu machen. Mit der Vorstellung der Ganzheit im Hinterkopf solltest du jede Gelegenheit nutzen, die sich ergibt, oder von dir aus aktiv werden. Es kann sein, daß es dabei ein paarmal zu Fehlstarts kommt – es ist letztlich aber befriedigender, etwas zu tun, statt passiv oder ziellos herumzusitzen. Als Uranus im Transit auf meinem Glückspunkt stand, begann ich mit dem Studium der Astrologie. Manchmal habe ich mich in jenen Tagen gefragt, was ich da eigentlich machte. Als Uranus aber weitergelaufen war, hatte mich das Fach vollständig in seinen Bann geschlagen. Und ich kann mit Fug und Recht behaupten, daß es mein Gefühl von Ganzheit und Sinn gestärkt hat.

⛢ ➤ MC ***Uranus-Transite zum MC*** stellen eine günstige Zeit dar, um Veränderungen im Hinblick auf die berufliche Laufbahn zu unternehmen – abermals mit der Einschränkung, daß du erst nachdenkst und dann handelst. Es ist insofern anzuraten, schon den Grundstein zu legen, bevor es zu diesem Aspekt kommt. Du könntest deine Unterlagen verschicken oder dich umhören, wo ein neuer Betrieb aufgemacht werden soll – und in dem Moment, wenn der Transit exakt ist, den Absprung vollziehen. Wenn du an ein völlig anderes Berufsfeld denkst, solltest du zuerst viele Erkundigungen einholen und dich dann zur Zeit des Aspekts verändern – oder aber den Plan fallenlassen. Wenn du zunächst sehr zufrieden mit deiner Tätigkeit warst und erst unter dem Transit den Wunsch zu gehen verspürst, solltest du Vorsicht walten lassen. Versuche in diesem Fall erst einmal, Veränderungen an deinem Arbeitsplatz vorzunehmen. Bringe deine Individualität zum Ausdruck, nimm an kreativen Projekten teil und organisiere deine Arbeit neu, um Monotonität vorzubeugen. Vielleicht ist das schon ausreichend. Das MC steht auch für den Austausch mit der Welt in ihrer Gesamtheit, was dir die Chance gibt, deine Individualität und dein Freiheitsbedürfnis auf vielerlei Art und Weise zum Ausdruck zu bringen.

♅ ➤ AC ***Uranus-Transite zum Aszendenten*** bedeuten viel Unruhe und den Wunsch nach Freiheit – unabhängig davon, wie es um die Lebensumstände im einzelnen bestellt ist. Ein Beispiel hierzu aus der Mundan-Astrologie ist das Horoskop der USA. Wenn wir uns auf das Horoskop mit den Zwillingen als aufsteigendem Zeichen beziehen, sehen wir zur Zeit des Sezessionskriegs Uranus am Aszendenten. Ein Grund, warum der Krieg geführt wurde, war die Befreiung der Sklaven. Ich beabsichtige nicht, hier eine Kontroverse in Gang zu setzen. Falls jemand die Gültigkeit dieses Horoskops bezweifelt, beschränke ich mich auf den Sachverhalt, daß zu dieser Zeit Uranus in Konjunktion zu seiner Stellung im USA-Horoskop steht. Nichtsdestotrotz finde ich, daß sich die Stimmung der Menschen während des Krieges sehr gut mit der Geistesverfassung vergleichen läßt, die ein Individuum mit dem Transit-Uranus auf dem Aszendenten erlebt. Hier wie dort sind Unrast und ausgeprägte Ansichten bezüglich des Themas Freiheit zu beobachten. Das Bedürfnis nach Freiheit kann dabei auf verschiedene Weise zum Ausdruck kommen. Wie dem auch sein mag – für das Individuum dürfte es am besten sein, mit kleinen Veränderungen zu beginnen. Im Abschnitt *Alchimie* finden sich hierzu einige Vorschläge.

Uranus-Transite durch die Häuser

Beim Transit von Uranus durch die Häuser hast du im Durchschnitt sieben Jahre Zeit, um hinsichtlich eines bestimmten Lebensbereiches Veränderungen vorzunehmen. Dabei muß es nicht so sein, daß du hier sieben Jahre lang ein einziges Chaos erlebst. Du solltest dich aber besser darauf einstellen, daß sich immer wieder überraschende Ereignisse ergeben könnten. Noch besser wäre es, wenn du dir von Zeit zu Zeit die Frage vorlegst, wie du dich deinem persönlichen Wesen oder deiner Kreativität gemäß in diesem Lebensbereich am besten zum Ausdruck bringen und die diesbezüglichen Erkenntnisse in die Realität umsetzen könntest. Wenn du die Uranus-Energie auf Aktivitäten und Themen richtest, die gut für dich sind, wirst du zum einen unangenehme Situationen vermeiden und zum anderen die Feststellung machen, daß du mit dem betreffenden Bereich nach dem Transit besser zurechtkommst. Ohne Zweifel werden sich Veränderungen ergeben. Du kannst von diesen nur dann profitieren, wenn du von dir aus Akzente setzt.

♅ 1 ***Uranus im 1. Haus:*** Handele so, daß alle den Kopf schütteln... Oder: Vergewissere dich deiner Unabhängigkeit oder verändere die Art und Weise, wie du in Erscheinung trittst.

♅ 2 ***Uranus im 2. Haus:*** Gib das Geld ohne jede Überlegung aus... Oder: Setze es spontan für etwas ein, was deiner Freiheit dient.

♅ 3 ***Uranus im 3. Haus:*** Sag' alles, was dir in den Kopf kommt... Oder: Versuche, auf eine neue Art und Weise zu kommunizieren, bringe neue Ideen zum Ausdruck und zeige geistige Offenheit.

♅ 4 ***Uranus im 4. Haus:*** Flüchte aus deinem Zuhause... Oder: Renoviere deine Wohnung oder ziehe um.

♅ 5 ***Uranus im 5. Haus:*** Suche nach unzuverlässigen Liebhabern... Oder: Gib deinen Kindern Freiheit oder wähle dir ein Hobby für deine Kreativität.

♅ 6 ***Uranus im 6. Haus:*** Suche nach Aufregung statt nach Erfüllung... Oder: Füge in deinen Tagesablauf einige neue Aktivitäten ein.

♅ 7 ***Uranus im 7. Haus:*** Wechsele deine Partner wie deine Hemden... Oder: Bringe in der Beziehung deine Individualität zum Ausdruck, zeige gegenüber deinem Partner mehr Spontanität.

♅ 8 ***Uranus im 8. Haus:*** Gib das Geld anderer ohne Skrupel aus und wirf alle Absprachen über den Haufen... Oder: Nimm teil an gemeinschaftlichen kreativen Projekten.

♅ 9 ***Uranus im 9. Haus:*** Rufe in einem fremden Land die Revolution aus... Oder: Unternimm spontan eine lange Reise oder suche dir eine ausgefallene Religion oder Philosophie.

♅ 10 ***Uranus im 10. Haus:*** Wechsle fortwährend deinen Beruf... Oder: Unternimm den Versuch, bei deiner Arbeit Kreativität und Eigenständigkeit zu entwickeln.

♅ 11 ***Uranus im 11. Haus:*** Verbinde dich mit schrulligen und unzuverlässigen Leuten... Oder: Trete einer kreativen Gemeinschaft bei oder sage dich von einer Gruppe los, die einen beschränkenden Einfluß hat.

♅ 12 ***Uranus im 12. Haus:*** Unterdrück' dein Bedürfnis nach Freiheit... Oder: Widme dich der Erforschung eines geheimnisvollen Gebietes oder befreie dich von bestimmten Beschränkungen.

Der alchimistische Umgang mit Uranus-Transiten

Um Uranus alchimistisch bestmöglich zu nutzen, mußt du dich zunächst um eine angemessene Einstellung bemühen. Dies gilt natürlich zunächst einmal für jeden Planeten – allerdings ist es so, daß du mit Uranus nicht auf die gleiche Weise umgehen kannst wie zum Beispiel mit Saturn. Uranus-Transite können nicht dazu genutzt werden, um sich auf etwas festzulegen oder um bestehende Positionen auszubauen. Wenn du diesen Versuch unternimmst, wirst du dich möglicherweise mit Gefühlen der Nervosität, Isolierung und der Frustration auseinandersetzen müssen. Wenn du aber Originalität und Spontanität zum Ausdruck bringst, kann das sehr positive Folgen haben. Alle Planeten befinden sich ständig in Bewegung, und du kannst zum Beispiel erkennen, welcher Lebensbereich oder welche Wesenszüge von dem aktuellen Saturn-Transit beeinflußt sind. Aber was Uranus betrifft – Fehlanzeige. Wenn du dich unter Uranus-Transiten damit beschäftigst, was eigentlich nicht mit dir stimmt, kann dich das viel Zeit kosten und in der Konsequenz bedeuten, daß gute Gelegenheiten ungenutzt bleiben. Es ist sinnvoller, zunächst dem Saturn-Transit Aufmerksamkeit zu widmen und den betroffenen Lebensbereich zu stabilisieren. Erst dann solltest du dich um den Ausdruck von Individualität in dem Bereich kümmern, der vom Uranus-Transit erfaßt ist.

Es ist ratsam, den Uranus-Energien nicht die Vorherrschaft einzuräumen. Wenn du jedem uranischen Bedürfnis nach grundlegender Veränderung nachkommst, findest du dich vielleicht in einer Situation wie die oben erwähnte Frau wieder, die bedenkenlos alle Brücken hinter sich abriß und sich auf den Weg nach Kalifornien machte. Du solltest zunächst einige alchimistische Rituale befolgen, um besser mit dem Gefühl der uranischen Rastlosigkeit umgehen zu können. Dann erst solltest du dir Gedanken zu weitreichenderen Veränderungen machen. Auf einige dieser Rituale bin ich bereits eingegangen. Nimm an kreativen Projekten teil – ohne dir aber Termine zu setzen oder bestimmte Leistungen abzuverlangen. Kreativität kommt nicht auf Befehl. Nutze sie, wenn sie sich zeigt, und forciere nichts, wenn sie sich nicht einstellen will. Wenn du hier ohne Inspiration etwas erzwingst, wirst du die feststellen, daß nichts Wertvolles entsteht.

Suche angemessene Wege, deine Individualität zum Ausdruck zu bringen, und achte darauf, daß dein Bedürfnis nach Anregung befriedigt wird. Wenn du dich eingeengt und unfrei fühlst und dich fragst, womit das zusammenhängt, solltest du dich für eine Weile aus der Situation zurückziehen und dir deine Gedanken dazu machen. Eine Klientin von mir unternahm unter Uranus-Transiten häufig zu ihrem Vergnügen Einkaufsbummel. Danach ging sie in ausgeglichener und zufriedener Stimmung nach Hause und kam ihren Pflichten nach. Sie hat in ihrem Horoskop eine Saturn/Uranus-Konjunktion, und der Zwiespalt zwischen Freiheit und Pflicht ist ein immer wieder in Erscheinung tretendes Thema für sie. Vielleicht muß ergänzend gesagt werden, daß sie sich diese Einkaufsbummel auch leisten kann. Eine andere Alternative wäre es, sich auf etwas Neues einzulassen und Aufregung in den Alltag zu bringen, ohne allerdings die Lebensumstände in ihrer Gesamtheit zu gefährden. Wenn du auf diese Weise vorgehst, kannst du in dem Moment, wenn sich der Staub legt und du klarer siehst, weitreichendere Veränderungen einleiten.

Nach dem Uranus-Transit hast du wahrscheinlich das Gefühl, daß etwas in deinem Leben anders geworden ist. Diese Veränderung kann sich auf etwas in deinem Inneren oder auf das Äußere beziehen – sie dürfte aber zumindest für dich selbst sehr deutlich sein. Du brauchst nicht zu befürchten, daß deine Freunde dich nicht wiedererkennen werden, und du wirst nun auch nicht dein Geburtshoroskop Lügen strafen. Es ist nur so, daß du in dem Versuch, die Transite bewußt einzusetzen, über dein altes Selbst hinausgewachsen bist.

Kapitel 6

Neptun-Transite

Der Neptun-Zyklus dauert im Durchschnitt 164,79 Jahre. Neptun steht für etwa 14 Jahre in einem Tierkreiszeichen und bewegt sich mit einer maximalen Geschwindigkeit von zwei Bogenminuten pro Tag. Seine Aspekte befinden sich insofern für etwa 60 Tage im 1-Grad-Orbis. Neptun-Perioden ziehen sich allerdings über längere Zeiträume hin.

♆ Neptun-Schlüsselfunktion

Höherentwicklung, Kontakt mit dem kollektiven Bewußtsein und dem Universum. Die Neptun-Energien kommen auf Ebenen zum Ausdruck, die hinter oder auch über dem rein Körperlichen liegen. Neptun zwingt uns dazu, über die Oberflächlichkeit unseres Lebens hinauszublicken, mit dem Zweck, daß wir hinter dem Materiellen das Spirituelle erkennen.

Die langsame Bewegung von Neptun hat zur Folge, daß der entsprechende Symbolismus sich für ein oder zwei Jahre bemerkbar macht. Auch dann, wenn Neptun in Phasen der Rückläufigkeit mehrere Grad über einen Horoskop-Planeten oder -Punkt hinausgelaufen ist, wirkt sich die Aktivierung noch aus. Erst dann, wenn Neptun zum letzten Mal den Planeten oder Punkt transitiert, werden die betreffenden Energien allmählich verblassen. Dies gilt im übrigen auch für Saturn, Uranus und Pluto. Die vier äußeren Planeten des Sonnensystems haben bei ihrem Transit länger Auswirkungen, als es dem Orbis von einem Grad entspricht.

Welche Gefühle Neptun-Transite hervorrufen können

Weil Neptun-Transite mit dem Ätherischen verbunden sind, sollte es uns nicht verwundern, daß sich uns die Welt zu dieser Zeit in einem mystischen oder auch sehr diffusen Licht zeigt. Das, was zuvor klar und sicher schien, kann sich nun in nichts auflösen. Saturn bringt die eindeutige Unterscheidung in Schwarz oder Weiß – mit Neptun scheint alles in einem undurchdringlichen grauen Licht zu liegen. Dies kann zu viel Verwirrung führen – was manchmal unter den Begriff «neptunischer Nebel» gefaßt wird. Dies gilt insbesondere dann, wenn du zu sehr versuchst, in allen Geschehnissen einen Sinn zu sehen. Es könnte so sein, daß du nach einer gewissen Weile das Gefühl hast, daß dein Kopf voller Spinnweben steckt.

In deiner Realität könnte es dazu kommen, daß es Wechsel zwischen extremen Positionen gibt oder daß diese auch nebeneinander her existieren. In einem Moment fühlst du dich vielleicht von gelassener Heiterkeit erfüllt, im nächsten geben andere oder auch auch du selbst dir das Gefühl, daß du ein Nichts bist und von niemandem geliebt wirst. Möglicherweise fühlst du dich aber auch im Hinblick auf einen Lebensbereich in einer friedvollen Stimmung und eins mit dem Kosmos und bezüglich eines anderen von Zweifeln und Vorwürfen wegen deiner Unvollkommenheit geplagt. Du suchst nun nach dem Idealen, und es könnte sein, daß du die Aufrichtigkeit deiner Mitmenschen bezweifelst und/oder mit Enttäuschungen zu tun hast oder damit, daß du in irgendeiner Form Opfer bringen mußt.

Unter Neptun-Transiten treten oftmals die Themen Vollendung und Enttäuschung nacheinander oder auch zusammen in Erscheinung. Es ist möglich, daß nun perfekte Pläne gemacht, langfristig verfolgte Ziele erreicht und gute Kontakte geknüpft werden. Auf der anderen Seite aber sind hinsichtlich der Vorgehensweise, der Verbindungen zu anderen sowie den Zielvorstellungen und Träumen Frustrationen denkbar. Leistungen, die der Mensch erzielt hat, können sich nun als Enttäuschung herausstellen. Dies gilt insbesondere für das Materielle. In einer neptunisch geprägten Phase fragen wir uns oftmals: »Warum habe ich eigentlich meine Zeit für diese Sache verschwendet, die es doch eigentlich gar nicht wert ist?« Die Antwort auf diese Frage ist, daß du das, was du geleistet hast, nicht infragezustellen brauchst. Es ist so, daß wir erst gewisse Ziele erreichen müssen, bevor wir auf die neptunische Ebene kommen können. Du mußt den Boden unter deinen Füßen kennen, bevor du dich auf das Universum einstimmen kannst.

Das rationale Denken scheint unter Neptun-Transiten beeinträchtigt zu sein, die Intuition aber fließt zu diesen Zeiten frei. Es ist möglich, daß du dich nun inspiriert wie sonst nie fühlst, und vielleicht hast du den drängenden Wunsch, dich mit religiösen, philosophischen oder auch künstlerischen Themen zu beschäftigen. Wenn du spirituelle oder künstlerische Ziele verfolgst, hast du jetzt möglicherweise das Gefühl, daß du der Kanal bist, durch den sich Ideen und Energien entladen, die mit deinem persönlichen Selbst nichts zu tun haben.

Vielleicht hast du nun auch den Wunsch, dem banalen alltäglichen Dasein oder den Situationen, in denen du dich unterdrückt oder zu Opfern verpflichtet fühlst, zu entfliehen. Selbst die Menschen, die sich für gewöhnlich durch einen ausgeprägten Realitätssinn auszeichnen, können davon betroffen sein und Illusionen oder Tagträumen verfallen. Wie es mir neulich jemand sagte, der gerade das Neptun/Neptun-Quadrat erlebte: »Ich würde alles stehen und liegen lassen und loslaufen – wenn ich nur wüßte, wohin.« In alchimistischer Hinsicht können die Tagträume für eine gewisse Zeit die Form eines Glaubens annehmen. Das Denken an angenehme Dinge hilft möglicherweise, Probleme zu vermeiden.

Mit der Technik der Visualisierung kannst du dir eine Situation so ausmalen, wie du sie gerne hättest. Du möchtest jetzt deine Position stärken – allerdings nicht auf Kosten anderer. Du hast den Wunsch, solange verschiedene Szenarien auszuprobieren, bis du das richtige gefunden hast. Wenn du soweit bist, mußt du diese Vorstellung jeden Tag mindestens einmal wiederholen. Tu' dies solange, bis du merkst, daß sich hinsichtlich des betroffenen Bereiches Verbesserungen ergeben. Der Vorteil dieser Technik besteht darin, daß sie dein persönliches Wesen berücksichtigt und daß du es bist, der merkt, wenn sie nicht klappt. Überaus häufig aber ist sie von Erfolg begleitet.

Wie Neptun-Transite genutzt werden können

Vielleicht ist aus dem Angeführten schon deutlich geworden, daß die bestmögliche Nutzung von Neptun-Transiten in der Entwicklung von Spiritualität und Ästhetik liegt. Mit Neptun-Energien sollte die harmonische Einstimmung auf das Universum kultiviert werden. Folge nun deinen spirituellen und künstlerischen Neigungen! Bringe deine Träume zum Ausdruck, suche nach dem Schönen und dem Wahren. Du solltest aber – wie bei Uranus auch – im Hinblick auf die konkrete Realität keine Entscheidungen treffen, die nicht wieder rückgängig zu machen sind.

Du kannst Neptun-Transite dazu benutzen, innerlich zu mehr Ganzheitlichkeit zu gelangen. Das Aufweichen und Verschmelzen von Gegensätzen ist das vielleicht wichtigste Thema beim *Übergang ins mittlere Erwachsenenalter* (40 - 45). Es ist dieser Zeitabschnitt, in dem alle Menschen das Neptun/Neptun-Quadrat erleben (genauer: zwischen 39 und 43). Die Polaritäten, auf die in der Untersuchung *Die Stadien des menschlichen Lebens* Bezug genommen wird, sind das Feminine und Maskuline, die Erschaffung und die Zerstörung sowie die Verbundenheit und die Isolierung. Im allgemeinen ist eine Polarität stärker entwickelt als die andere, und in der Phase des *Übergangs ins mittlere Erwachsenenalter* ist zumeist der Drang vorhanden, mehr über das herauszufinden, was wir zuvor abgelehnt haben. Der Kosmos ist allumfassend, und Neptun-Transite geben uns den Rat, diese Universalität zum Ausdruck zu bringen. Insofern sollten wir uns in diesen Zeiten auf das hin entwickeln, was wir eigentlich sind.

Gemäß Levinson werden Männer und Frauen in unserer Gesellschaft in frühen Jahren auf ein bestimmtes geschlechtsspezifisches Verhalten «programmiert». Von Männern wird physische Stärke und Intellektualität erwarten, Frauen gelten körperlich als schwach und als emotional. Diese Gegensatzpaare aber bestehen innerhalb jedes Menschen. Die Förderung der unterdrückten Polarität hilft die Persönlichkeit abzurunden. Mit diesem erweiterten Verständnis fällt es dann leichter, sich mit dem anderen Geschlecht zu verbinden.

Wenn du nach einem Ausgleich zwischen der Polarität von Erschaffung und Zerstörung suchst, wirst du dir dessen, was in deinem Leben nicht stimmt, schmerzlich bewußt. Vielleicht beschäftigst du dich mit Situationen der Vergangenheit, in denen du dich oder andere gekränkt hast, oder du überlegst dir, was andere dir zugefügt haben. Kennzeichnend ist, daß Destruktivität den Fluß der kreativen Energien behindert. Wenn du dich mit diesen unerwünschten Qualitäten auseinandersetzt, kann das deine Produktivität erhöhen.

Die Polarität von Verbundenheit und Isolierung hat mit unserer Beziehung zur Gesellschaft zu tun. *Während der Phase des Übergangs ins mittlere Erwachsenenalter muß der Mensch seine intensive Verwurzelung in der äußerlichen Welt lösen. Es geht hier um Neubewertung und um Desillusionierung... Jetzt stehen nicht mehr die Belohnung seitens der Sippe sowie deren Werte im Blickpunkt. Der Mensch betrachtet das Leben nun von einer universelleren Warte aus* (S. 241/42). Dieser Sachverhalt ist es, der die materiellen Errungenschaften in diesem Zeitabschnitt oftmals als bedeutungslos oder sogar als enttäuschend erscheinen läßt. Die Anerkennung seitens des Stammes ist nun nicht mehr so wichtig wie zuvor.

Ein anderes herausragendes Thema während des *Übergangs ins mittlere Erwachsenenalter* ist der Traum. Der Traum ist ein wichtiger Bestandteil der Entwicklung des Erwachsenen. Psychologen fassen unter diesen Begriff sowohl die bewußten und konkreten Erwartungen (die mit Saturn in Verbindung stehen) als auch die weniger rationalen oder auch illusionären Vorstellungen (die auf Neptun zurückgehen). Ziele wie materieller Erfolg im Beruf oder das große, schöne Haus werden auf diese Weise gleichbehandelt mit dem Streben nach dem Edlen und dem Wunsch, die Welt zu verbessern oder inneren Frieden zu finden. Vor dem *Übergang ins mittlere Erwachsenenalter* kommt beim Träumen eher die materielle Facette zum Tragen, in dieser Phase aber, unter dem Neptun/Neptun-Quadrat, liegt die Betonung mehr auf dem illusionären Moment. Fehlschläge und Enttäuschungen im Zusammenhang mit Träumen und Hoffnungen kommen zu dieser Zeit an die Oberfläche, und die Auseinandersetzung mit diesen kann uns dabei helfen, die Struktur unseres Lebens neuzugestalten. Indem wir anerkennen, daß es Unzulänglichkeiten gibt, werden wir uns unserer Sterblichkeit bewußt. Auf diese Art konfrontiert uns diese Phase nicht nur mit unserer Schwäche, sondern auch mit der Möglichkeit des Todes.

Die Prinzipien, die unter dem Neptun/Neptun-Quadrat zum Vorschein kommen, lassen sich auch auf die anderen Transite dieses Planeten anwenden – mit der Betonung des Wesenszugs, der von dem aspektierten Planeten oder Punkt charakterisiert wird. Du mußt dich nun möglicherweise mit Extremzuständen auseinandersetzen, und du solltest versuchen, dich über das Materielle, wie es im Zusammenhang mit dem aspektierten Planeten oder Punkt dargestellt ist, zu erheben.

♆➤☉ ***Neptun-Transite zur Sonne*** legen es dir nahe, weniger auf dich zentriert zu sein. Diese Verbindung findet sich oftmals in den Horoskopen von religiösen Menschen oder spirituellen Führern. Unter diesem Transit könntest du eine sehr charismatische Ausstrahlung haben und die Erfahrung machen, daß sich Menschen aus unerfindlichen Gründen zu dir hingezogen fühlen. Gleichermaßen ist denkbar, daß du das Gefühl hast, daß dein Ego zermalmt wird. Wahrscheinlich wird beides in gewisser Form zutreffen – unabhängig davon, um welchen Aspekt es geht. Du schwankst vielleicht zwischen dem Gedanken, was für ein wunderbarer Mensch du doch bist, und dem Gefühl der absoluten Wertlosigkeit hin und her. Mit Neptun-Transiten zur Sonne solltest du nach Möglichkeiten suchen, dich mitfühlend und hilfsbereit zu zeigen. Stelle dich darauf ein, in diesen Zeiten mehr zu geben als zu empfangen. Wenn du dich wirklich um Selbstlosigkeit bemühst, könnte ein stärker entwickeltes Gefühl deiner Identität die Folge sein.

♆➤☽ ***Neptun-Transite zum Mond*** beinhalten die folgenden Extreme: Emotionaler Frieden auf der einen und die Konfusion der Gefühle auf der anderen Seite. Möglicherweise verstehst du zu diesen Zeiten nicht, was eigentlich mit dir los ist, und vielleicht steigen jetzt unerklärliche und irrationale Gefühle von Ärger und Wut in dir auf. Es kann dir unmöglich sein, diese Emotionen rational zu erklären. Insofern ist es besser, von vornherein nach einem spirituellen Weg für diese Energien zu suchen, statt sie sich auf negative Weise entladen zu lassen. Es hat vielleicht den Anschein, daß dies ein typisch neptunischer Fluchtmechanismus ist, bei dem die Realität ausgeblendet oder auch sublimiert wird – was aber nicht zutrifft. Indem du nach Wegen suchst, Liebe und Frieden zum Ausdruck zu bringen, kannst du die Gefühle von Wut und Haß leichter ersetzen als dadurch, daß du dich mit ihrem Vorhandensein abfindest.

Ein Beispiel für diese Herangehensweise stellt eine meiner Klientinnen dar. Sie kam zur ersten Sitzung, als der Transit-Neptun auf ihrem Mond stand. Bei meinen einleitenden Worten zu diesem Transit erwähnte ich, daß mit ihnen das Gefühl verbunden sein kann, ausgenutzt zu werden oder in emotionaler Hinsicht «auszutrocknen». Mit diesen Worten hatte ich ins Schwarze getroffen. Mit deutlich erkennbarem Ärger begann sie von ihrer Tochter zu erzählen, die sich im Teenager-Alter befand. Sie sagte: »Ich weiß ja, daß eine Mutter ihr Kind nicht hassen sollte, aber ich kann mir nicht helfen... Sie ist so selbstsüchtig... Sie benutzt jeden, und insbesondere mich.« Sie war so erregt, daß es unmöglich war, die Situation mit ihr objektiv zu betrachten. Ich schlug ihr dann vor, daß sie den Transit auf eine andere Weise benutzen sollte, und zwar in Form von spirituellen Aktivitäten. Ich sagte ihr, daß dies nicht unbedingt die Beziehung zu ihrer Tochter verändern würde, daß sie aber damit ganz allgemein zu größerer geistiger Ausgeglichenheit kommen könnte. Einige Monate später, als sie wiederkam, machte sie tatsächlich einen viel entspannteren Eindruck. Ich fragte sie, ob es jetzt mit der Tochter besser ging. Ihre Antwort war: »Nein. Aber ich weiß nun, daß das in der Gesamtheit der Dinge auch gar nicht wichtig ist.« Zwischen den Konsultationen hatte sie sich einer metaphysischen Gruppe angeschlossen und eine neue Perspektive gewonnen.

♆➤☿ ***Neptun-Transite zum Merkur*** bringen dir möglicherweise die Erfahrung, daß die Kommunikation von einem magischen Fluß getragen ist und ohne jede Anstrengung von sich geht. Auf der anderen Seite mußt du dich vielleicht damit auseinandersetzen, daß niemand versteht, was du sagst. Deine Gedanken können in der Tat konfus sein – was insbesondere dann gilt, wenn du dich zur Logik zwingen willst. Das praktische und bodenständige Denken ist im Gegensatz zur imaginativen Vorstellungskraft in dieser Phase nicht gut entwickelt. Unter diesem Transit kannst du gut Reklame für etwas machen oder Geschichten erfinden. Weil es so schwierig ist, sich mit allen praktischen Auswirkungsmöglichkeiten auseinanderzusetzen, gebe ich unter diesem Transit den Rat, sich mit dem *I Ging* zu beschäftigen. Dieses Buch kann in dieser unklaren Zeit Einsichten und konkrete Antworten vermitteln. Das Gebet und Meditation sind ebenfalls günstige Anwendung von Neptun/Merkur-Energie.

♆➤♀ ***Neptun-Transite zur Venus*** zum Zeitpunkt der Geburt sprechen für künstlerische Fähigkeiten. Der Transit von Neptun zur Geburts-Venus kann das Bedürfnis nach künstlerischer Betätigung bedeuten. Du solltest diesem Drang nachkommen, auch dann, wenn dein Horoskop keine diesbezüglichen Talente erkennen läßt. Eine derartige Beschäftigung beugt nämlich den negativen Auswirkungsmöglichkeiten dieses Transits vor. Eine andere positive Manifestation liegt darin, den idealen Liebespartner zu finden. Deine Sicht auf die Welt kann unter diesem Transit gestört oder verzerrt sein – du solltest dich aber ruhig dem Glanz und dem Zauber hingeben, der nun vielleicht mit einer Beziehung verbunden ist, ohne dich allerdings dauerhaft zu verpflichten. Es könnte sein, daß die Beziehung hält – du solltest dir aber darüber im klaren sein, daß du irgendwann alles wieder in einem anderen Licht sehen könntest. Die negative Seite dieses Transits liegt darin, daß du dich vielleicht in der Beziehung als Opfer fühlst. Ob diese Einschätzung nun auf der Realität beruht oder ein Produkt deiner Fantasie ist – du solltest dich darum bemühen, positive Manifestationsformen für die Neptun/Venus-Energien zu finden.

Eine Klientin von mir entwickelte zu der Zeit, als Neptun in Opposition zu ihrer Venus stand, den Verdacht, daß ihr Mann eine Affäre hatte. Während sie noch überlegte, wie sie mit diesem Verdacht umgehen sollte, wurde eine schöne Aufgabe an sie herangetragen.

Der Pfarrer ihrer Kirche bat sie, die Bibelstunde für die Frauen abzuhalten. Weil sie in Gedanken so sehr mit ihrer ehelichen Situation beschäftigt war, wollte sie das Angebot zunächst zurückweisen. Wir diskutierten dann über diesen Symbolismus – Neptun/Venus kann genausogut interpretiert werden als die Bibel (Neptun) vor Frauen (Venus) vorlesen wie in der Liebe betrogen zu werden. Meine Klientin entschied sich dafür, einen Versuch zu unternehmen, und es sollte sich als eine überaus befriedigende Beschäftigung herausstellen. Sie fand bei der Lektüre der Bibel Passagen, die sich gut für die Lesung eigneten und die auch auf ihr persönliches Leben anwendbar waren. Die Lesung zerstreute nicht ihren Verdacht – das Wissen aber, daß sie jetzt erwarb, half ihr, besser mit der Situation umzugehen.

♆➤♂ ***Neptun-Transite zum Mars*** bringen dich dazu, auf eine sanftere Weise aktiv zu werden. Auch der größte Raufbold zeigt unter diesem Transit versöhnlichere Züge. Diese Zeiten eignen sich gut dafür, Dank zu bezeugen und sich mit der Schönheit zu beschäftigen – zum Beispiel in Form von Aktivitäten wie Skifahren oder Schlittschuhlaufen, Tauchen oder Tanzen. In allen diesen Tätigkeiten kommt sowohl ein physisches Moment als auch die Beschäftigung mit Schönheit zum Ausdruck. Auf der anderen Seite erlebst du aber vielleicht, daß deine Kraft sich in nichts auflöst und du schnell erschöpft bist. Möglicherweise bist du auch in Situationen verstrickt, in denen es schwerfällt, aktiv zu werden. Eine überängstliche Mutter erlebte einmal einen solchen Zustand, als Neptun in Opposition zu ihrem Mars stand. Es war so, daß ihr Sohn Schwierigkeiten mit den Behörden hatte und sie Einfluß nehmen wollte, aber die Erfahrung machen mußte, daß sie nichts tun konnte. Schließlich wurde ihr Sohn selbst aktiv, und als Konsequenz ergab sich meiner Ansicht nach, daß er damit stärker wurde. Hier liegt also die Botschaft des Transits in der Erkenntnis, daß wir nicht immer auf aggressive Weise vorgehen müssen und daß es manchmal besser ist, darauf zu warten, daß jemand anderes die Initiative ergreift.

♆➤♃ ***Neptun-Transite zu Jupiter*** können dazu genutzt werden, Wissen im Bereich von Religion oder Philosophie zu erwerben. Wie bei Jupiter-Transiten zu Neptun handelt es sich aber nicht um die beste Zeit, sich mit der objektiven Realität auseinanderzusetzen. Du solltest auch hier bei Drogen und Alkohol sehr große Vorsicht walten lassen, weil diese einen störenden Einfluß auf deine Wahrnehmung der Welt haben. Zu dieser Zeit solltest du dich darum bemühen, dein spirituelles Leben als wichtigen Teil deines Lebens zu betrachten – nicht aber als Ersatz für alles.

♆➤♄ ***Neptun-Transite zu Saturn*** bedeuten, daß du die materielle Struktur deines Lebens überprüfen mußt – um dich über diese zu erheben oder um Dinge zur Entwicklung zu bringen, die deinem Fortschritt im Wege stehen. Es kann sein, daß diese Aspekte von Depression und Unzufriedenheit begleitet sind. Das hängt dann damit zusammen, daß du erkennst, was in dir oder in deiner Umgebung nicht stimmt. Vielleicht hast du aber auch das Bedürfnis, die konkrete Welt durch spirituelle Betätigung zu überwinden. Wenn Neptun im Aspekt zu Saturn steht, ist das mit der Erkenntnis verbunden, daß materielle Errungenschaften nicht genug sind.

Saturn verkörpert sowohl Sicherheit als auch die konkrete Struktur. Seine Stellung im Geburtshoroskop zeigt, in welchem Bereich du Sicherheit beziehungsweise das Gefühl brauchst, dich auf etwas oder jemanden verlassen zu können. Wenn der Transit-Neptun den Geburts-Saturn aktiviert, könntest du unter einem allgemeinen Gefühl der Orientierungslosigkeit zu leiden haben und vielleicht denken, daß sich die Fundamente deiner Existenz in Luft auflösen. Insbesondere gilt dies im Hinblick auf den Bereich, der mit dem Geburts-Saturn in Verbindung steht. Neptun bedeutet aber nicht, daß alle Strukturen verschwinden. Mängel werden nun deutlich, was zur Folge hat, daß du sie abstellen und an der Verbesserung der Situation arbeiten kannst. Setze dich mit dem auseinander, was falsch läuft, und bleib' bei dem, was in Ordnung ist.

Widersteh' der Versuchung, alles hinzuwerfen und dich dem Chaos auszuliefern. Du hast immer die Möglichkeit, Entscheidungen zu treffen.

Um ein Beispiel zu geben, wollen wir einmal annehmen, daß du den Saturn im 4. Haus stehst. Dies ist ein Anzeichen dafür, daß das Zuhause ein Bereich ist, in dem du dich sicher und geborgen fühlen möchtest. Wenn Neptun im Transit in dieses Haus kommt, gibt dir das die Information, daß du nun 14 Jahre Zeit dazu hast, dein Zuhause deinem Ideal anzunähern. Die Konjunktion vom Transit-Neptun und Geburts-Saturn könnte dich erkennen lassen, daß die Mauern Risse aufweisen. Vielleicht waren sie schon jahrelang da – jetzt aber wirst du dir ihrer bewußt. Du hast mindestens drei Möglichkeiten: Du könntest die Risse ausbessern lassen, was eine Stärkung der Mauern bedeuten würde. Du könntest die Entscheidung treffen, daß die Risse nichts weiter zu sagen haben, weil das Haus selbst nicht wichtig für deine Sicherheit ist – was heißen würde, daß das Materielle keine Rolle für dich spielt. Du könntest aber auch auf die Risse blicken, dich darüber beklagen, daß dein Leben immer schwieriger wird und darauf warten, daß das Haus einstürzt. Wie immer die mit einem Neptun-Transit verbundenen Umstände auch sein mögen – du kannst unter ihnen daran arbeiten, die Dinge zum Besseren zu bringen und lernen, hinter das Materielle zu blicken, anstelle dich Gefühlen der Konfusion und/oder Verdrossenheit hinzugeben.

♆➤♅ ***Neptun-Transite zu Uranus*** bringen Auswirkungen, die nicht so konkret sind wie die eben angeführten. Wie willst du Freiheit und Individualität auch konkret messen? Die Polaritäten dieser Kombination könnten zwischen dem perfekten Ausdruck deiner Individualität oder Kreativität auf der einen und Schuldbewußtsein und Hilflosigkeit bei der Selbstdarstellung auf der anderen Seite liegen. Vielleicht hast du aber auch das Gefühl, von anderen ausgenutzt zu werden und nicht wirklich das machen zu können, was du willst. In alchimistischer Sicht könntest du das letztere bekämpfen, indem du dich einer wertvollen Sache verschreibst oder Partei für die Schwachen nimmst. Auf diese Weise würdest du mit mitfühlender Hilfsbereitschaft (Neptun) das revolutionäre Moment (Uranus) idealistisch zum Ausdruck bringen.

♆➤♇ ***Neptun-Transite zu Pluto*** können zur Folge haben, daß du die Erfahrung machst, von jemandem unterdrückt zu werden. Möglicherweise mußt du – als Konsequenz daraus – Hindernisse aus dem Weg räumen. Neptun steht für das Auflösende, und Pluto bedeutet Eliminierung und Transformation – insofern hast du unter diesem Transit die Gelegenheit, positive Veränderungen in deinem Leben durchzuführen. Es ist jetzt die Zeit, die tiefverwurzelten Resentiments und fixen Vorstellungen fallenzulassen, die deine Entwicklung bis zu diesem Zeitpunkt behindert haben.

Manchmal braucht der Mensch die Erfahrung der Machtlosigkeit, bevor er zur Transformation bereit ist. Eine Entsprechung wäre hier Krankheit – wie es bei einem Mann der Fall war, in dessen Horoskop Pluto am Anfang des Zeichens Krebs und Neptun auf den ersten Löwe-Graden stand. Es befanden sich dann zur gleichen Zeit der Transit-Neptun in Opposition zum Geburts-Pluto und im Quinkunx zum Geburts-Neptun und der Transit-Pluto im Trigon zum Geburts-Pluto und im Quadrat zum Geburts-Neptun. Zu dieser Zeit wurde der Mann ernsthaft krank und vollkommen abhängig von anderen. Über die Jahre war er bitter und mißtrauisch geworden und hatte die meisten seiner Kontakte eingebüßt. Wenn jemand ihm etwas Gutes tat, reagierte er argwöhnisch oder auch in Form von Kritik an den vermeintlich niederen Motiven des Wohltäters. Der Zustand der Hilflosigkeit unter den verschiedenen Neptun/Pluto-Verbindungen dieser Zeit läßt vermuten, daß der Mann nun noch verbitterter geworden ist – was aber in keinster Weise der Fall war. Er setzte sich mit seinen Gefühlen des Ärgers und Groll auseinander und überwand sie. Er nahm wieder den Kontakt zu Menschen auf, die er seit Jahren nicht mehr gesehen hatte, und es war keine Rede mehr davon, daß diese ihn betrogen hätten. Er war mehr in Frieden mit sich, als er je zuvor gewesen war. Das Erstaunlichste aber war, daß sich, nachdem er sich von seiner emotionalen Last befreit hatte, auch seine körperliche Verfassung besserte.

Ich möchte sogleich, um Mißverständnissen vorzubeugen, anmerken, daß du unter Neptun-Transiten zu Pluto nicht notwendigerweise krank wirst. Es gibt viele andere Möglichkeiten, wie diese Kombination in Erscheinung treten kann. Wenn du dir der zugrundeliegenden Prinzipien bewußt bist, kannst du die betreffende Situation analysieren und daran arbeiten, bestimmte Eigenschaften abzulegen, die deiner Transformation oder dem Ausdruck deiner Macht im Wege stehen.

♆➤☊☋ ***Neptun-Transite zu den Mondknoten*** bringen es möglicherweise mit sich, daß du vom Drang beseelt bist, anderen zu helfen. Vielleicht mußt du dich aber auch damit auseinandersetzen, daß du von anderen ausgenutzt wirst. Es ist denkbar, daß es nun zu überaus positiven Verbindungen kommt. Möglicherweise leidest du aber auch im Hinblick auf Beziehungen unter Konfusion, obwohl vormals doch alles klar schien. Eine Frau, die immer auf der Suche nach neuen Bekanntschaften war, beklagte sich zu der Zeit, als Neptun in Quadrat zu ihren Mondknoten stand, daß sie nur Alkoholiker oder Lügner kennenlernte. Ich schlug ihr vor, an einem spirituellen oder künstlerischen Projekt teilzunehmen. Ihre Entscheidung fiel auf eine Malschule. Sie lernte zwar dabei nicht sofort ihren Märchenprinzen kennen – sie machte aber die Bekanntschaft von Leuten, die sich nicht als Lügner oder Alkoholiker herausstellten und deren Gesellschaft angenehm war.

♆➤⊗ ***Neptun-Transite zum Glückspunkt*** können zur Folge haben, daß du mit deinen seit langem verfolgten Zielen auf einmal unzufrieden bist. Vielleicht leidest du aber auch darunter, daß die Richtung deines Lebens nicht klar ist. Die Polarität hierzu besteht darin, das ideale Ziel zu erkennen. Diese Zeit ist gut dafür geeignet, nach Vollendung zu streben – in ästhetischer oder auch universeller Hinsicht. Wenn deine Ziele bislang überwiegend materieller Natur waren, könntest du jetzt unzufrieden mit dem sein, was sich hier ergeben hat – auch dann, wenn es dem entspricht, was du dir gewünscht hast. Das Sich-Einstimmen auf das Universum ist jetzt belohnender als die Anerkennung der Persönlichkeit. Mit anderen Worten: Wenn du dich nicht mehr auf dich selbst konzentrierst, kannst du möglicherweise die Erfahrung einer größeren Ganzheit und Erfüllung in dir selbst machen.

♆>MC ***Neptun-Transite zum MC*** können Auswirkungen haben, die das Äußere betreffen – weil das MC die Art und Weise verkörpert, wie die du mit der Welt kommunizierst.

Um dies zu erläutern, wollen wir das Beispiel eines jungen Mannes betrachten, bei dem der Transit-Neptun mehr als zwei Jahre am MC stand. Wenn auch der Orbis zwischenzeitlich mehr als ein Grad betrug, war doch die ganze Zeit von neptunischen Symbolismen geprägt. Diese waren so eindeutig, daß ich dem Mann sagte, daß ich seinen Fall zu Papier bringen würde. Die Auswirkungen schwanden erst, nachdem sich der letzte Kontakt ergeben hatte. Der erste Vorfall, der mit dem Transit in Verbindung stand, war der, daß er angegriffen wurde, ohne daß ein Grund hierfür bestanden hätte. Es gab keine Zeugen dieses Vorfalls, und es hatte den Anschein, daß die Behörden wußten, wer den Anschlag verübt hatte, ohne daß Maßnahmen zur Verfolgung unternommen worden wären. Als Resultat der Attacke ergab sich, daß die Mitschüler ihre Anteilnahme zum Ausdruck brachten und sich dem jungen Mann gegenüber auf eine andere Weise verhielten. Er sagte, daß er den Eindruck hatte, zu dieser Zeit über sehr viel Charisma zu verfügen. Es gibt hier also das Beispiel für eine positive und für eine negative Ausdrucksform von Neptun. Zum einen bestand eine Unklarheit über das Bild, das er in der Öffentlichkeit abgab, und manchmal hatte er das Gefühl, eine Art Sündenbock zu sein. Auf der anderen Seite aber blühten seine musikalischen Fähigkeiten auf, und er gewann einen Gesangswettbewerb gegen Mitstreiter aus allen Teilen des Bundesstaates. Weiterhin lernte er zu dieser Zeit zaubern (eine positive alchimistische Form von Neptun), und noch heute unterhält er seine Freunde mit Zaubertricks.

♆➤AC **Neptun-Transite zum Aszendenten** können sich – wie die Transite zum MC – als persönliches Charisma äußern. Gleichermaßen aber ist denkbar, daß es unter ihnen zu Selbstzweifeln, Verwirrung über das eigene Wesen oder dazu kommt, zum Opfer zu werden. Vielleicht ergibt es sich aber auch, daß du abwechselnd mit den beiden Seiten dieses Transits zu tun hast. Ich habe Menschen unter dieser Konstellation in einem Augenblick sagen hören: »Ich habe keine Ahnung, warum alle so nett zu mir sind«, und im nächsten: »Ich verdiene das ja gar nicht«, oder: »Ich frage mich, was die eigentlich von mir wollen.« Es ist gut möglich, daß du zu diesen Zeiten merkst, daß du Schwächen hast. Der Versuch, deine Mängel genau zu analysieren, ist zum Scheitern verurteilt (schließlich haben wir es mit Neptun zu tun) – die intensive Beschäftigung mit deinen Fehlern aber wird unweigerlich zur Folge haben, daß du dich schlechter fühlst. Es ist besser, wenn du jetzt beim Guten ansetzt und dich nicht auf das konzentrierst, was negativ ist. Das heißt, daß du dich jetzt mit den Aspekten deines Wesens beschäftigen solltest, die nichts mit dem Materiellen zu tun haben. Spiritualität, die Künste sowie ganz allgemein das Mitgefühl für andere sind hier anzuführen.

Ich habe einige Male die Erfahrung gemacht, daß Menschen zu diesen Zeiten ihre Gefühle auf der Leinwand beziehungsweise auf der Bühne oder durch das Verfassen von Gedichten zum Ausdruck gebracht haben. Dieses alchimistische Ritual ermöglichte es ihnen – ihren eigenen Worten nach –, genauer darzustellen, was sie erlebten. Eine Frau, Künstlerin von Beruf, war mitten in einer Entziehungskur, als Neptun auf ihrem Aszendenten zu stehen kam. Es war eine chaotische Zeit für sie, und als eine Art von Flucht schuf sie eine Folge von Bildern.

Die meisten dieser Gemälde produzierte sie in einem Zustand von Wut oder Konfusion. Diese Vorgehensweise löste ihre Spannung – und als die Malerin später das Resultat ihrer Mühen betrachtete, konnte sie ihre Situation besser verstehen. Sie hat diese Bilder niemals der Öffentlichkeit gezeigt. Sie hebt sie für sich auf zur Erinnerung dessen, was sie durchgemacht hat und nie wieder erleben möchte. Du wirst davon überrascht sein, was du mit einem Pinsel oder einem Bleistift zu diesen Zeiten fertigbringen kannst – auch dann, wenn du kein Künstler bist.

Neptun-Transite durch die Häuser

Der Transit durch ein Haus des Horoskops dauert wesentlich länger als der über einen bestimmten Planeten oder Punkt. Mit letzterem sind bestimmte Energien und Auswirkungen verbunden, bei ersterem sind vielfältigere Manifestationen möglich. Wenn Neptun im Transit deine Sonne aspektiert, gibt dir das für einige Monate Zeit, an deinem Ego zu arbeiten. Wenn aber dieser Planet durch dein 6. Haus läuft, bedeutet das, daß für etwa 14 Jahre Themen im Vordergrund stehen, die mit diesem Bereich deines Lebens zu tun haben. In diesem Fall kannst du davon ausgehen, daß die Gesundheit, die Dienstbereitschaft sowie der Tagesablauf immer wieder aufs neue deine Aufmerksamkeit fordern. Es ist nicht so, daß du dies jeden Morgen, wenn du aufwachst, im Kopf haben mußt – du wirst nur immer wieder daran erinnert werden. Vielleicht wählst du die Zeit, wenn Neptun an der Spitze dieses Hauses steht, um in bezug auf diesen Lebensbereich auf «neptunische» Weise aktiv zu werden. Wie dem auch sein mag – es genügt, wenn du über den Symbolismus dieses Planeten Bescheid weißt und dann handelst, wenn er in Erscheinung tritt.

Das eben Gesagte gilt natürlich für die Transite aller äußeren Planeten. Mit der hier vorgeschlagenen Methode kannst du zunächst die Zeitspanne abschätzen, die ein bestimmter Transit dauern wird. Als nächstes solltest du dich dann mit dessen positiven und negativen Auswirkungen vertraut machen. Das hilft dir, Situationen den verschiedenen Planeten zuzuordnen. Wenn die Auswirkungen zu deiner Zufriedenheit ausfallen, bist du möglicherweise auf dem richtigen Weg. In diesem Fall könntest du dich für eine Zeitlang zurücklehnen und das genießen, was passiert. Wenn aber das Leben nicht so verläuft, wie du es gerne hättest, mußt du dich nicht damit abfinden, sondern kannst etwas dagegen tun. Wenn sich im Zusammenhang mit bestimmten Situationen Gefühle von Minderwertigkeit, von Ausgenutztwerden, von Konfusion oder Chaos ergeben oder du darunter leidest, daß etwas nicht perfekt ist (speziell dann, wenn vorher alles so schön zu sein schien), kannst du davon ausgehen, daß Neptun im Spiel ist.

Nachdem du den Symbolismus oder das Problem einem Planeten zugeordnet hast, solltest du dich darum bemühen, deine Haltung diesem anzupassen. Es wäre zum Beispiel falsch, die physische Kraft, die in Verbindung mit Pluto steht, im Hinblick auf neptunische Angelegenheiten anzuwenden. Trotz dieser Einschränkung bestehen noch vielerlei Möglichkeiten, aktiv zu werden. Mit Neptun läßt du es vielleicht zu, ausgenutzt zu werden, weil du der Ansicht bist, daß du dies verdienst – was wiederum eine Form von Selbstmitleid wäre. Es ist klar, daß dies keine optimale Reaktion ist. Du solltest vielmehr erkennen, wie es um die unangenehmen Umstände bestellt ist und wie sie in die Gesamtheit deiner Situation eingebettet sind. Erweisen sie sich als unerträglich, kannst du darangehen, sie aufzulösen. Wenn sie im Grunde unwesentlich sind, kannst du sie ignorieren und dich auf diese Weise über sie erheben.

Eine exzellente Methode, etwas über die Transite durch die Häuser zu erfahren, besteht im Rückblick auf die Geschehnisse. Wenn ein Transit-Planet ein bestimmtes Haus verlassen hat, kannst du erkennen, welche Erfahrungen in dem betreffenden Zeitraum mit diesem verbunden waren. Ich greife in meinen Kursen über die Transite häufig auf diese Technik zurück, und ich finde sie außerordentlich effektiv. Durch den Austausch von Erfahrungen können die Teilnehmer viel voneinander lernen. Sie erhalten darüber hinaus noch Material, auf das sie zurückgreifen können, wenn sie oder ihre Klienten den gleichen Transit erleben. Natürlich ergeben sich immer wieder andere Einzelheiten – grundsätzlich aber handelt es sich um die gleichen Prinzipien, die wir in den verschiedenen Situationen wiedererkennen können.

Wenn Neptun durch ein Haus läuft, stehen – wie beim Transit-Aspekt zu einem Planeten oder Punkt des Geburtshoroskops –

Themen wie Betrogenwerden, Transzendenz, das Perfekte/Mangelhafte sowie das Mitgefühl für andere im Vordergrund, modifiziert im Hinblick auf den Lebensbereich, der von dem Transit betroffen ist. Diese Art der Interpretation wird im Kapitel 9 eingehend erklärt.

Ψ 5 ***Neptun im 1. Haus:*** Fühle dich verwirrt im Hinblick auf deine Identität... Oder: Nimm an etwas Künstlerischem teil (zum Beispiel an einem Kurs, in dem mit Wasserfarben gearbeitet wird), um dich zum Ausdruck zu bringen.

Ψ 1 ***Neptun im 2. Haus:*** Dein Geld scheint nun auf geradezu magische Weise zu verschwinden – es ist besser, wenn du dich auf spirituelle Werte konzentrierst. Vielleicht machst du dabei die Erfahrung, daß sich das Finanzielle von selbst regelt.

Ψ 2 ***Neptun im 3. Haus:*** Beklage dich darüber, daß niemand versteht, was du sagst... Oder: Schreibe Geschichten oder kommuniziere über spirituelle Themen.

Ψ 3 ***Neptun im 4. Haus:*** Lasse es zu, daß sich Auflösungstendenzen bezüglich deines Zuhauses ergeben oder daß sich das Chaos in deiner Wohnung mnbmnb breit macht... Oder: Entspann' dich bei dir zu Hause oder betrachte deine Wohnung als dein Heiligtum.

Ψ 5 ***Neptun im 5. Haus:*** Verhalte dich argwöhnisch gegenüber deinen Kindern... Oder: Versuche, ihnen zu vertrauen.

Ψ 6 ***Neptun im 6. Haus:*** Treffe die Entscheidung, daß du nichts zuende bringen kannst und verschwende daraufhin deine Zeit... Oder: Zeige dich in deiner täglichen Routine flexibel (ohne dich von ihr zu lösen).

Ψ 7 ***Neptun im 7. Haus:*** Mißtraue deinem Partner... Oder: Unternimm zusammen mit ihm spirituelle Aktivitäten.

♆ [8] ***Neptun im 8. Haus:*** Möglicherweise eine kritische Zeit für den Umgang mit dem Geld anderer Leute. Günstig für die Erkenntnis, welche Motive dem Handeln zugrundeliegen.

♆ [9] ***Neptun im 9. Haus:*** Zeige dich desillusioniert im Hinblick auf deine Religion oder setze dich auf einer tiefen Ebene mit ihr auseinander.

♆ [10] ***Neptun im 10. Haus:*** Lasse es zu, daß du in beruflicher Hinsicht ausgenutzt wirst... Oder: Triff die bewußte Entscheidung, wen du im Rahmen deiner Karriere unterstützen willst.

♆ [11] ***Neptun im 11. Haus:*** Fühle dich als Opfer oder Außenseiter in einer Gruppe... Oder: Tritt einer spirituell oder künstlerisch motivierten Gemeinschaft bei.

♆ [12] ***Neptun im 12. Haus:*** Sei mißtrauisch allem gegenüber, was nicht konkret greifbar ist... Oder: Lerne die Interpretation von Träumen oder beginne damit, an das Okkulte zu glauben.

Eine Vielzahl von alchimistischen Auswirkungsmöglichkeiten ist bereits aufgelistet worden. Es könnte aber sinnvoll sein, zur Zusammenfassung noch einmal eine Übersicht zu geben. Möglicherweise bewahrt dich das davor, dich in den vorstehenden Seiten zu verlieren – eine Gefahr, die natürlich für den Leser, der einen Neptun-Transit erlebt, besteht. Ich füge dabei einiges zu, was bisher nicht erwähnt worden ist.

Der alchimistische Umgang mit Neptun-Transiten

- Musik hören – oder besser noch: machen. Singe oder spiele ein Instrument.
- Tanzen.
- Malen oder Schreiben.
- Filme ansehen.
- Illusionen schaffen – zum Beispiel zaubern.
- Wein herstellen (aber nicht zuviel davon trinken).
- Meditieren.
- Sich etwas vorstellen (visualisieren). Gestalte in deinen Gedanken die Situation so, wie du sie gerne hättest.
- Freiwillig für die Menschen eintreten, die es wert sind – andere davor bewahren, betrogen und ausgenutzt zu werden.
- Durch Beten oder das *I Ging* nach Antwort suchen.
- Die Natur genießen – insbesondere das Meer.

Diese alchimistischen Rituale können helfen, wenn du zu bestimmten Zeiten unter Gefühlen von Konfusion leidest oder einfach denkst, daß dein Kopf voller Hirngespinste steckt. Sie sind ebenfalls hilfreich, wenn du dich von anderen ausgenutzt fühlst. Das Befolgen dieser Rituale kann dazu beitragen, die negativen Seiten von Neptun zu überwinden – wozu insbesondere das Selbstmitleid zählt. Auch wenn du dich nun klein und minderwertig fühlst: Behalte im Kopf, daß Neptun auf das Ideale zielt und dich in Kontakt mit dem Universum bringt. Lasse es also zu, daß du nun in eine bestimmte Richtung geführt wirst. Es kann durchaus sein, daß du unter Neptun-Transiten das Gefühl bekommst, daß deine Welt zusammenstürzt, und Unzufriedenheit und Desillusionierung sind dabei häufige Begleiter. Rechne mit diesen neptunischen Erscheinungen, gib dich ihnen aber nicht hin. Auch dann, wenn du dich mit den negativen Erscheinungen auseinandersetzen mußt, solltest du dir bewußt sein, daß mit Neptun Frieden und Harmonie möglich sind. Mit einer gewissen Anstrengung kannst du nun Fortschritte im Hinblick auf das Wahre und eine von Weisheit getragene Einstellung machen.

Kapitel 7

Pluto-Transite

Der Planet Pluto vollendet seinen Umlauf in durchschnittlich 248,4 Jahren. Seine Geschwindigkeit weist von allen Planeten die größten Schwankungen auf – manchmal braucht er nur 12 Jahre, um ein Tierkreiszeichen zu durchlaufen, zu anderen Zeiten benötigt er dafür 29 Jahre. Aufgrund dieser Schwankungen treten die innerzyklischen Aspekte nicht für alle Menschen im gleichen Alter auf. Menschen, die am Ende des 19. Jahrhunderts geboren wurden, erlebten das Pluto/Pluto-Quadrat erst im Alter von 75 Jahren; bei denjenigen, die um 1920 herum zur Welt kamen, ereignete es sich ungefähr im Alter von 50. Wer um das Jahr 1960 herum geboren ist, wird dieses Quadrat schon dann erleben, wenn er 37 ist.

Weil vom Jahre 1940 an Pluto sich etwa mit der gleichen Geschwindigkeit wie Neptun bewegt hat, besteht der Sextil-Aspekt dieser beiden Planeten aus dieser Zeit fort. Infolgedessen erstreckt sich die Dauer der Pluto-Transite nun auch über den gleichen Zeitraum wie die der Neptun-Transite. Aufgrund von Rückläufigkeit ergeben sich drei bis fünf Transit-Kontakte zu den Planeten und Punkten des Geburtshoroskops.

♇ Pluto-Schlüsselfunktion

In der Mythologie war Pluto der Gott der Unterwelt. In der Astrologie steht er damit in Verbindung, daß Dinge aus der Tiefe ans Licht kommen. So ist es nicht verwunderlich, daß er mit der Psychotherapie so-

wie mit unterirdischen Ausbrüchen in Zusammenhang gebracht wird. Die positive Funktion Plutos liegt darin, sich intensiv mit etwas auseinanderzusetzen und dabei das Unwesentliche zu eliminieren – wodurch Transformation möglich wird. Macht ist ebenfalls ein plutonisches Thema, und du machst vielleicht die Feststellung, daß du dich unter Pluto-Transiten mit Autoritätspersonen oder auch mit deiner eigenen Macht auseinandersetzen mußt. Es ist nicht möglich, sich der Auseinandersetzung mit plutonischen Themen zu entziehen – wenn du das zu tun versuchst, wirst du merken, wie sich die aufgestaute Energie in deinem Inneren in gewaltigen Ausbrüchen entlädt.

Welche Gefühle Pluto-Transite hervorrufen können

Unter Pluto-Transiten ist oftmals das Gefühl vorhanden, daß große Veränderungen bevorstehen. Dies kann von dem Wunsch begleitet sein, die Gegenwart und Vergangenheit hinter sich zu lassen und noch einmal ganz von vorn anzufangen. Möglicherweise bist du dir dabei bewußt, daß die geplanten Veränderungen unumkehrbar sind, was bedeuten kann, daß du eine gewisse Scheu verspürst, sie auch tatsächlich durchzuführen – im Gegensatz zu den spontanen Entscheidungen, die mit Uranus verbunden sind.

Der Unterschied zwischen den plutonischen und den uranischen Veränderungen wurde mir am Beispiel eine Gruppe von Menschen klar, die in den Jahren 1952/53 mit einer Neptun/Saturn-Konjunktion im Horoskop geboren wurde. Wie schon erwähnt, erschienen einige dieser Leute bei mir, als der Transit-Uranus auf der Konjunktion stand. Im Leben dieser Menschen war es zu dramatischen Veränderungen gekommen, ohne vorherige Planung und ohne das Bedenken von Konsequenzen. Einige Jahre später, als Pluto sich der Konjunktion näherte, erschienen einige dieser Klienten wieder bei mir. Abermals waren Veränderungen das Thema – diesmal allerdings nicht verbunden mit der abrupten Plötzlichkeit von Uranus, sondern mit der unerbittlichen Intensität Plutos. Es bestand nun die Notwendigkeit, sich mit allen Aspekten der Situation auseinanderzusetzen, bevor eine Entscheidung getroffen wurde. Es handelte sich hier um Menschen, dic zuvor den Uranus-Transit erlebt hatten – jetzt aber verhielten sie sich auf eine völlig andere Art und Weise.

Eine Frau, von Beruf Krankenschwester, dachte daran, wieder zur Schule zu gehen, um später Arzt zu werden. Als sie zu mir kam, war sie von der Sorge erfüllt, irgendeine günstige Gelegenheit zu verpassen. Trotzdem aber bestand der innere Zwang, alle Einzelheiten der Situation auszuloten und eine überlegte Entscheidung zu treffen. Zusammen erstellten wir einen Zeitplan für diesen Pluto-Transit. Wir machten uns Gedanken darüber, welche Möglichkeiten sie hatte, und legten den Termin fest, zu dem sie die Entscheidung für oder gegen die Schule treffen sollte. Die Einsicht, daß sie Zeit für diese Entscheidung hatte, verringerte ihre Ängste und setzte sie in die Lage, sich mit kühlem Kopf mit der Situation zu beschäftigen. Sie ging dann schließlich zurück an die Schule, in dem Bewußtsein, die richtige Entscheidung getroffen zu haben.

Unter Pluto-Transiten fühlen wir uns manchmal wie besessen von etwas. Bestimmte Vorstellungen oder Themen können sich immer wieder dem Bewußtsein aufdrängen, wie sehr du dich auch dagegen sträubst (vielleicht wäre es richtiger zu sagen: gerade wenn du dich dagegen sträubst). Auch wenn es dir widerstrebt, dich so intensiv mit einem Bereich deines Lebens zu beschäftigen, daß die anderen darüber vernachlässigt werden – das beste ist es, das Gebiet, das deine Aufmerksamkeit fordert, sorgfältig zu untersuchen. Es könnte sein, daß das Ignorieren der Probleme dich letztendlich mehr Kraft kostet als die Auseinandersetzung damit. Des weiteren wäre es möglich, daß die Unterdrückung der Probleme in dieser Phase dazu führt, daß sich Ausbrüche von Gewalt oder Gefühle der Ohnmacht ergeben. Du solltest dich mit der Ursache des Problems auseinandersetzen und Schritte zu dessen Lösung unternehmen.

Das Unbehagen gegenüber Pluto-Transiten resultiert aus der Angst vor der totalen Veränderung und der damit einhergehenden Orientierungslosigkeit oder auch dem Verlust des Identitätsgefühls. Die Erkenntnis, daß Pluto nicht unbedingt Desorientierung bedeutet und daß die Transformation nicht Hals über Kopf geschehen muß, kann es uns erleichtern, mit dem Symbolismus dieses Planeten umzugehen. Pluto legt uns eine Vorgehensweise nahe, bei der wir langsam, Schicht für Schicht, alles abtragen, bis wir zum Grund der Dinge kommen. Du solltest erkennen, was überflüssig oder störend ist, dich davon freimachen und auf das bauen, was übrig bleibt. Wenn du auf diese Weise verfährst, kannst du zum Kern der Dinge vordringen und erkennen, welche Bedürfnisse wirklich wichtig sind. Du neigst unter Pluto-Transiten ohnehin dazu, Situationen und Menschen gründlich zu analysieren – insofern wäre es nur logisch, diese Herangehensweise auch gegenüber den Problempunkten zu zeigen.

Es gibt auch eine physische Manifestationsmöglichkeit von Pluto-Transiten: das Gefühl, als sei ein Bulldozzer über dich gerollt. Dies stellt natürlich ein Extrem dar – zumindest aber sind Schmerzzustände unter Pluto möglich. Diese ergeben sich normalerweise dann, wenn du die dazugehörigen Energien nicht direkt nach außen bringst. Das körperliche Unbehagen sollte als Warnung verstanden werden, die plutonischen Energien zu bändigen und selbst Macht zum Ausdruck zu bringen. Wenn du das tust, wirst du die Erfahrung machen, daß die Symptome weniger stark in Erscheinung treten oder sogar wie auf magische Weise verschwinden.

Die Spanne der plutonischen Auswirkungen reicht – wie bereits angeführt – von subtilen, inneren Vorgängen bis zu vulkanartigen Ausbrüchen. Letztere ergeben sich immer dann, wenn erstere nicht beachtet werden. Oftmals kommen beide Seiten unter einem Pluto-Transit zum Tragen. Es ist aber möglich, die mit diesem Planeten verbundene Kraft zum Ausdruck zu bringen, ohne daß sich verheerende Zerstörungen ereignen.

Ein anderes Gefühl, das mit diesen Transiten verknüpft sein kann, ist das der Einsamkeit. Vielleicht denkst du, daß niemand sich vorstellen kann, was du jetzt erleiden mußt. Wenn du Probleme hast, bist du nun möglicherweise der Ansicht, daß du sie allein lösen mußt und niemand dir dabei helfen kann. Vielleicht ist es nun auch so, daß du die Stimmen der anderen nicht mehr so deutlich hörst. Diese Erfahrung muß sich nicht einstellen – sie ist mir allerdings häufiger mitgeteilt worden, so daß ich sie hier wiedergeben möchte. Wenn diese Auswirkung mit einem Pluto-Transit verbunden sein sollte, heißt das nicht, daß du auf Dauer schlechter hörst oder daß du dein Konzentrationsvermögen eingebüßt hast. Diese Entwicklung hängt zusammen mit dem Bedürfnis, in dein Inneres zu schauen. Es ist nicht nötig, daß du in dieser Phase auf soziale Kontakte verzichtest. Die letztgenannte Auswirkungsmöglichkeit ist nur aus dem Grunde erwähnt, dir gegebenenfalls unnötige Ängste zu ersparen.

Gesetzt den Fall, daß du dich jetzt einsam fühlst und glaubst, deine Probleme allein lösen zu müssen – Pluto steht auch in Verbindung mit Psychotherapie. Insofern ist der Gedanke an eine Therapie beziehungsweise eine psychotherapeutische Behandlung naheliegend. Das dürfte damit zusammenhängen, daß es im Beisein einer objektiven Person vielleicht einfacher ist, die eigenen Tiefen zu erkunden. Es geht hier um den Prozeß der *Einsicht.* Was das *Lösen* der Probleme betrifft, bist du aber tatsächlich auf dich gestellt.

Wie Pluto-Transite genutzt werden können

Unter einem Pluto-Transit fällt es dir leicht, in Kontakt mit deinem Inneren zu kommen – unabhängig davon, ob du allein bist oder mit einem Berater arbeitest. Die Pluto-Transite, unter denen am häufigsten professioneller Beistand gesucht wird, sind die zur Sonne, zum Mond und zum Aszendenten. Der Grund hierfür liegt möglicherweise darin, daß diese drei Faktoren gewissermaßen den Kern der Person darstellen. Wenn die Transformation wirklich auf einer tiefen Ebene stattfinden soll, muß die Erforschung an einem dieser Punkte einsetzen. Das heißt aber nicht, daß du dich in Psychotherapie begeben *mußt,* wenn ein Transit zu einem dieser Faktoren bevorsteht, oder daß du zu anderen Zeiten keine Hilfe suchen darfst. Es handelt sich hier nur um eine der verschiedenen Weisen, wie sich der Transit manifestieren kann. Wenn wir uns mit den Planeten im einzelnen beschäftigen, werden wir Näheres erfahren.

Das Thema Macht tritt ebenfalls in den Vordergrund, wenn Pluto im Transit einen Planeten oder Punkt deines Horoskops aspektiert. Du bringst jetzt diesbezüglich eine größere Sensibilität als sonst auf – wobei es keine Rolle spielt, was dein Geburtshoroskop hierzu anzeigt. Eine Frau erlebte einmal den Pluto-Transit zu ihrem Mars im 6. Haus. Normalerweise bedeutete es ihr keine Probleme, Anordnungen entgegenzunehmen und auszuführen – zu dieser Zeit aber hatte sie das Gefühl, daß ihr Chef sie schikanieren wollte. Sie wurde wütend und begann, verbal in gleicher Münze zurückzuzahlen. Weil dies ihrem Wesen gar nicht entsprach, fühlte sie sich sehr unwohl dabei. Positive Alternativen zu dieser Vorgehensweise würden darin bestehen, sich ein Ventil zu suchen – wie zum Beispiel einen Wettkampfsport. Dies könnte helfen, das Übermaß an Kraft, welches mit dem Transit von Pluto zu Mars nun einmal verbunden ist, so zu steuern, daß kein Schaden entsteht.

Weil die Geschwindigkeit so stark schwankt, kann das Pluto/Pluto-Quadrat (der einzige Aspekt dieses Zyklus, den ich beobachten konnte) nicht einem bestimmten Alter zugeschrieben werden. Zu den Zeiten aber, in denen es stattfindet, sind bestimmte Vorfälle charakteristisch. Umfassende Veränderungen werden erwogen und oftmals auch in die Tat umgesetzt. Bei dem, was ich sehen konnte, ergaben sich unter anderem der Wechsel des Wohnorts, des Lebensstils, der Stelle oder des Berufs. Beim Wohnungswechsel kam es zum Beispiel zum Umzug von New York nach Florida oder zum Kauf eines Hauses in dem Ort, in dem zuvor zur Miete gewohnt wurde. Was den Lebensstil betrifft, ist das Verlassen des alten Freundeskreises und der Aufbau eines neuen zu vermelden oder auch der – bereits erwähnte – Fall, in dem eine Frau nach Florida zog, um der Hektik New Yorks zu entkommen. Auch in bezug auf die Karriere sind einige interessante Fälle anzuführen. Hier kam es zu mehr Machtbefugnis am Arbeitsplatz, zum Wechsel zu einer anderen Firma sowie zum Wechsel des Berufes, wie es der Fall war bei dem Mann, der unzufrieden war mit seiner Tätigkeit als Immobilienmakler und sich als Antiquitätenhändler etablierte. Und schließlich ist darauf hinzuweisen, daß es neben diesen äußerlichen Manifestationen noch zu tiefgreifenden innerlichen Veränderungen kommen kann.

Das Moment der Eliminierung oder Transformation, das mit Pluto einhergeht, ist manchmal sehr einfach zu realisieren. Dies gilt insbesondere dann, wenn du die Geschehnisse bewußt wahrnimmst und unmittelbar auf sie reagierst. Wenn du nicht die Initiative ergreifst, könnte es dazu kommen, daß du unter dem Pluto/Pluto-Quadrat – oder auch unter anderen Pluto-Transiten – durch die Ereignisse gezwungen wirst zu handeln. Eine Frau kam unter dem innerzyklischen Quadrat zu mir, unmittelbar, nachdem sie unter sehr unschönen Umständen ihren Job verloren hatte. Bei ihr steht Pluto im Geburtshoroskop im 10. Haus, und das Transit-Quadrat ergab sich aus Haus 1. Es war der Eindruck erweckt worden, daß sie dumm und unfähig war, ihre Arbeit zu verrichten, und sie war aufgrund dessen wie am Boden zerstört. Von ihrem Intellekt her wußte sie, daß Spannungen zwischen ihrer Vorgesetzten und ihr selbst dafür verantwortlich waren – gefühlsmäßig hatte sie aber die größten Schwierigkeiten, mit dieser Behandlung fertigzuwerden.

Als wir darüber sprachen, was ihr Horoskop hinsichtlich des Berufes erkennen ließ, sagte sie, daß ihre Bedürfnisse bei dieser Stellung nicht befriedigt worden waren. Sie gab zu, daß sie sich in der Position unwohl gefühlt hatte. Sie hatte sich überlegt, wegzugehen und sich nach einem anderen Job umzusehen, sich aber dagegen entschieden, weil ihr das regelmäßige Einkommen sehr wichtig war und sie fürchtete, nichts anderes zu finden. Ich erklärte ihr, wofür Pluto steht, und sagte, daß sich die Entlassung vielleicht deshalb ergeben hätte, weil sie unzufrieden mit der Stellung war, und daß sich jetzt möglicherweise etwas besseres finden würde. Ich erklärte weiterhin, daß sich diese Entwicklung vielleicht als Segen herausstellen würde und daß es möglicherweise einfacher für sie wäre, eine neue Stellung zu finden, wenn sie die Dinge auf diese Weise betrachtete. Es war einfach für mich, dies zu sagen, und schwer für sie, es zu akzeptieren. Ihr Selbstwertgefühl war erschüttert, und sie mußte sich dazu zwingen, nach einer neuen Beschäftigung zu suchen. Als sie aber schließlich aktiv wurde, ging sie mit viel Energie vor. Dies können wir bei vielen Pluto-Transiten beobachten. Es kommt hier darauf an, die starken Energien, die mit diesen Transiten verbunden sind, auf ein Ziel zu richten. Wenn wir das nicht tun, werden sich auch Resultate ergeben – allerdings solche, die uns nicht unbedingt willkommen sind. Meine Klientin fand schließlich eine Stellung, die ihr besser entsprach, und sie fragte sich dann, warum sie eigentlich so lange mit ihrem Schritt gewartet hatte. Vielleicht hätte sie in der Tat einige der unangenehmen Begleiterscheinungen vermeiden können, wenn sie auf den plutonischen Symbolismus besser eingestellt gewesen wäre. Wie dem auch sein mag – im Rückblick liegen die Dinge klar auf der Hand.

Den plutonischen Ereignissen ins Auge zu sehen, bietet zwar keine Garantie vor negativen Auswirkungen, ist aber nichtsdestotrotz hilfreich. Meiner Ansicht nach besteht die beste Herangehensweise an Pluto-Transite darin, sich zunächst vor Augen zu führen, welcher Planet oder Punkt des Horoskops vom Transit betroffen ist. Dieser symbolisiert die Facette der Persönlichkeit, die gründlich untersucht und/oder transformiert werden muß. Es kann sein, daß sich zu dieser Zeit Geschehnisse ereignen, die mit dem betreffenden Symbolismus in Zusammenhang stehen – positive und vielleicht auch negative. Die positiven Ereignisse bedeuten die Kräftigung bestimmter Eigenschaften – und du wirst den Wunsch haben, diese auch weiterhin zum Ausdruck zu bringen. Die negativen Geschehnisse hängen mit Persönlichkeitsmerkmalen zusammen, die verändert oder auch eliminiert werden müssen. Pluto bewegt sich sehr langsam, was dir genug Zeit gibt, dich zu vergewissern, ob deine Analyse der Situation auch wirklich zutrifft. Ist dies der Fall, solltest du bei deinem Streben nach Veränderung standhaft bleiben, auch dann, wenn sich einmal ein Hindernis ergibt. Wie im folgenden näher beschrieben wird, geht es immer wieder um die Themen Macht, Transformation und Analyse, in Verbindung mit dem Wesenszug, der durch den Transit aktiviert ist.

♇➤☉ ***Pluto-Transite zur Sonne*** bewirken, daß dein Ego im Blickpunkt steht. Du wirst dir nun vielleicht der Macht, die du ausübst, bewußt, oder erkennst, daß du gern mehr Macht hättest. Möglicherweise kontrollierst du jetzt andere und/oder glaubst, daß jemand dich herausfordert. Es könnte auch sein, daß du dich wie auf dem Präsentierteller fühlst und darüber das Bedürfnis hast, dich zurückzuziehen – unter diesem Transit aber wird es wahrscheinlich nicht dazu kommen, daß du dich im Hintergrund halten kannst. Dein Rückzug könnte durch Nachstellungen anderer vereitelt werden. Das starke Bedürfnis, dich mit den Bedürfnissen deines Egos auseinanderzusetzen, kann dazu führen, daß du alle neuen Entwicklungen sorgfältig untersuchst. Wie bei Saturn auch sind die Auswirkungen, die mit diesem Transit einhergehen, oftmals sehr deutlich. Du kannst nun Höhen oder Tiefen erleben. Mit dem Transit zur Sonne bekommst du vielleicht Anerkennung und ein Gefühl für deine Macht – oder es wird schlecht über dich geredet und andere kontrollieren dich. Bei der Analyse der Geschehnisse mußt du auf die positiven Erfahrungen bauen. Die negativen Entwicklungen zeigen, welche Eigenschaften zu verändern oder zu eliminieren sind.

Unter dem Pluto-Quadrat zur Sonne erhielt ein Angestellter eine Beförderung, wodurch er Vorgesetzter einiger Mitarbeiter wurde. Es wurde angenommen, daß er für die

Position über genügend Autorität und Ansehen verfügte. Allerdings ergaben sich unerwartete Begleiterscheinungen. Die ehemaligen Kollegen waren nun Untergebene und sahen den Mann nicht mehr als einen der ihren an. Die ehemals freundschaftliche Arbeitsatmosphäre wurde jetzt zum Teil von Respekt, zum Teil aber auch von Neid abgelöst, mit dem Resultat, daß sich der Beförderte isoliert fühlte. Als ich ihn kurz danach sprach, waren seine ersten Worte: »Das Klischee stimmt. Es ist einsam an der Spitze.« Er wurde sehr sensibel für die Reaktionen der anderen und entdeckte, daß er jede Unterhaltung auf das Intensivste analysierte. Auch heute noch fühlt er sich nicht uneingeschränkt wohl in seiner Position. Nun aber hat er einige Leute kennengelernt, die auf seiner Stufe stehen. Er leidet nun nicht mehr so stark unter dem Gefühl der Isolation, was in Verbindung mit der neuen Macht und Anerkennung eine Kompensation für den Verlust ist.

♇➤☽ ***Pluto-Transite zum Mond*** bringen deine Emotionen und vielleicht auch dein Unbewußtes in den Blickpunkt. Dies ist auch der Grund dafür, daß manche Menschen zu diesen Zeiten mit einer Analyse beginnen. Ob du dies nun mit der Hilfe eines Therapeuten oder für dich allein unternimmst – du kannst tiefe Einsichten in dein Inneres erhalten. Es besteht der Drang, die Emotionen sowohl zu erkennen als auch zu beherrschen. Du solltest dich aber davor hüten, deine Gefühle beständig unter Kontrolle zu halten, was um so mehr dann gilt, wenn du sie nicht fortwährend analysierst – weil dies zu emotionalen Ausbrüchen führen kann. Wenn jemand in dir Angst, Wut oder andere starke Reaktionen erweckt, solltest du dich fragen, warum das so ist.

Eine Frau, die unter periodisch auftretenden Wutanfällen litt, entdeckte zu der Zeit, als Pluto auf ihrem Mond stand, daß bestimmte Kindheitsmuster beziehungsweise die Behandlung durch ihre Mutter für dieses Verhalten verantwortlich war. Die Mutter hatte sich ihr gegenüber diktatorisch verhalten (im Horoskop der Tochter stand Pluto im Quadrat zum Mond) und ihr nur sel-

ten den Ausdruck ihrer Gefühle erlaubt. Dies hatte zur Folge, daß die Tochter nun als Erwachsene aggressiv auf Autoritätspersonen reagierte und ihre Gefühle zu unterdrücken versuchte. Zu einem gewissen Ausmaß funktionierte dieses Verhaltensmuster – manchmal kam es dann aber doch zu den Ausbrüchen, die ihr letztlich so sehr schadeten. Mit astrologischer und psychologischer Beratung (welche begann, als Pluto zum ersten Mal in Konjunktion zum Mond stand) und konzentrierter Anstrengung lernt sie nun, die Situation zu analysieren und ihren Gefühlen Ausdruck zu verleihen. Es geht darum, daß sie es sich nun selbst erlaubt, Gefühle zu zeigen.

♇➤☿ ***Pluto-Transite zum Merkur*** sind für dich mit der Erfahrung verbunden, daß deinen Worten nun Aufmerksamkeit geschenkt wird – ob dir das recht ist oder nicht. Gleichermaßen kann es dazu kommen, daß deine Denkprozesse sich jetzt intensivieren und mehr in die Tiefe gehen als zuvor. Wenn sich wichtige Themen ergeben, zu denen du etwas sagen möchtest, solltest du dich vorbereiten und für dich allein eine Probe veranstalten. Du kannst das, was du unter diesem Transit sagst, nicht einfach wieder zurückziehen – wenn du etwas Dummes äußerst, werden deine Worte dich verfolgen. Du könntest besessen werden von dem, was du einmal von dir gegeben hast, und die Szene immer und immer wieder vor dir sehen. Das Wissen, daß deine Worte unter diesem Transit Gewicht haben, sollte dich zur Vorsicht (nicht aber zum Schweigen) mahnen. Diese Zeitabschnitte sind gut für Forschungsarbeiten geeignet. Hierbei handelt es sich schon um eine alchimistische Anwendung – du bist beschäftigt, was es verhindert, daß du unbesonnene Äußerungen von dir gibst oder dir immer wieder bestimmte Situationen ins Gedächtnis rufst, die du doch nicht mehr ändern kannst. Genauso gut kann diese Arbeit aber sofort zu positiven Resultaten führen. Unter dem Pluto-Quadrat zu Merkur fand ein Schriftsteller wichtige Hintergrundinformationen für das Stück, an dem er gerade arbeitete. Du bist wahrscheinlich kein Autor und verbringst nicht Stunde um Stunde damit, in Bibliotheken Material zu sichten. Jede mentale Aktivität aber kann unter diesem Transit auf außergewöhnlich intensive Weise betrieben werden – was dem Leben vielleicht eine neue Dimension eröffnet.

♇➤♀ ***Pluto-Transite zur Venus*** bedeuten das Potential für eine starke Liebesbeziehung. Wenn du ohne Partner bist, könntest du in dieser Zeit Situationen aufsuchen, in denen du eine interessante Person kennenlernst. Zuhause herumsitzen und darauf zu warten, daß der oder die Richtige an die Tür klopft, ist nicht besonders erfolgversprechend. Möglicherweise manifestiert sich der Aspekt aber auch auf eine andere Weise – es gibt eine Reihe von Alternativen. In bestehenden Beziehungen könnte Macht oder besitzergreifendes Verhalten zum Thema werden. Ebenfalls denkbar wäre, daß es nun zu tiefgründigen Analysen kommt und/oder die Beziehung eine Phase der Transformation oder auch ihr Ende erlebt. Weiterhin kann Venus natürlich auch durch die Kunst oder durch das Zusammensein mit anderen zum Ausdruck kommen. Schwierigkeiten in der Beziehung solltest du nun als Gelegenheit dafür betrachten, mehr über deine Bedürfnisse im Hinblick auf Liebe und Zuneigung zu erfahren. Um zu untersuchen, was du brauchst, kannst du auch das aufmerksam beobachten, was sich auf vermeintlich nebensächlichen Gebieten wie der Geselligkeit oder der Kunst für dich ergibt. Eine derartige Betätigung kann aber auch bedeuten, die plutonische Intensität für eine Zeit abzumildern, ohne dabei die Richtung aus dem Blick zu verlieren. Du kannst die Pluto-Transite zur Venus auch dazu nutzen, ein exzessives Verhalten in den Griff zu bekommen – wenn du zum Beispiel zuviel ißt, trinkst oder rauchst.

Eine Frau, bei der der Transit-Pluto im Quadrat zur Geburts-Venus stand, trennte sich von ihrem Mann und entwickelte Zwangsvorstellungen zu ihrer Situation. Sie begann eine Therapie in der Hoffnung, dadurch mehr über die Lebensumstände herauszufinden und sich und ihre Einstellung zu verändern. Sie hatte sich von ihren

Freunden zurückgezogen und entwickelte in ihrer Isoliertheit immer größere Depressionen. Ich machte ihr den Vorschlag, mit der Therapie fortzufahren und auch weiterhin nach Selbsterkenntnis zu streben, sich daneben aber zu zwingen, Kontakt zu ihren Mitmenschen zu suchen – auch wenn es nur für einen Small-Talk sein sollte. Sie befolgte die Empfehlung und berichtete mir, daß ihr dies guttat.

♇➤♂ ***Pluto-Transite zu Mars*** haben mehr als jede andere Kombination mit Ausbrüchen von Gewalt zu tun. Sie zu ignorieren ist ähnlich erfolgversprechend wie zur Vermeidung eines Ausbruchs eine Decke über den Vulkan zu breiten. Mit diesen Transiten ist ein außergewöhnliches Ausmaß an Energie verbunden, und wenn du keinen Weg findest, diese zum Ausdruck zu bringen, werden es andere Menschen für dich übernehmen – und möglicherweise werden sie es *an dir* tun. Wenn du analysierst, auf welche Weise du gerne aktiv werden oder dich darstellen würdest und dann die Initiative ergreifst, kannst du große Fortschritte machen. Mars bringt ungeheuer viel Triebkraft, wenn er in Verbindung mit Pluto steht – Triebkraft, die du für einen produktiven Zweck einsetzen und nicht auf andere Menschen projizieren solltest. Diese Zeit eignet sich sehr gut dafür, in Konkurrenz zu anderen zu treten, weil du hier deine Kraft in Erfolge umsetzen kannst. Weiterhin kann dies eine Phase sein, in der du zutiefst befriedigende sexuelle Erfahrungen machst.

♇➤♃ ***Pluto-Transite zu Jupiter*** bedeuten, daß du jetzt viel erwarten kannst – wovon auch immer, vielleicht auch «viel nichts». Dies wurde mir klar, als ich zwei Horoskope interpretierte, die auf die Eröffnung von Geschäften errechnet waren, für den gleichen Tag und die gleiche Zeit. Es gab nur einen Unterschied bezüglich des Ortes, eine Differenz von einigen wenigen Kilometern. In beiden Horoskopen kam es im 2. Haus zu einer Jupiter/Pluto-Konjunktion. Weil das Geldverdienen für beide Betreiber das Hauptanliegen war, war die Eröffnungszeit aufgrund der astrologischen Konstellation ausgewählt worden. Wir könnten vermuten, daß sich in beiden Fällen ähnliche Auswirkungen ergaben, weil die Horoskope sich weitgehend entsprechen. Dem war aber nicht so. Ein Geschäft florierte und warf viel Geld ab, das andere ging bankrott. Einige Gründe hierfür können wir in den Horoskopen der Betreiber ablesen, aber nicht alle. Bei der erfolgreichen Unternehmung handelte es sich um einen Mann, der schon seine Lehre in diesem Bereich gemacht und sich dann intensiv damit beschäftigt hatte, für welche Dienste ein Bedarf bestand. In dem anderen Fall wurden nicht viele Gedanken darauf gerichtet, welche Ausgaben sinnvoll waren. Das Horoskop der Eröffnung des Geschäfts versprach Reichtum – und dies war dem zweiten Mann Sicherheit genug, große Anschaffungen zu tätigen. Er übernahm sich bei der Einrichtung des Geschäftes, ohne sich zu vergewissern, ob die potentielle Nachfrage den Aufwand rechtfertigte.

Wenn diese Horoskope auch aus dem Bereich der Elektionen stammen, liefern sie doch Anhaltspunkte dafür, welche Extreme unter Jupiter/Pluto möglich sind. Weiterhin zeigen sie, auf welche Weise der Mensch von diesen Transiten profitieren kann. Jupiter steht für das Bedürfnis nach Wachstum, und wenn der Transit-Pluto diesen aspektiert, verspürst du das Bedürfnis, dich in eine neue Richtung zu entwickeln. Um das Exzessive und Extravagante zu vermeiden, das mit Jupiter einhergehen kann, solltest du die analytischen Fähigkeit nutzen, die mit Pluto verbunden sind. Wenn du das tust, wirst du mit Sicherheit Fortschritte erzielen. Der erfolgreiche Geschäftsmann aus dem oben angeführten Beispiel ist dafür Zeuge.

♇➤♄ ***Pluto-Transite zu Saturn*** bedeuten die Herausforderung, einen bestimmten Teil deines Lebens zu transformieren oder deine Verantwortlichkeiten zu analysieren und möglicherweise zu verändern. Macht wird Pluto und Autorität Saturn zugeschrieben – es sind also Geschehnisse zu erwarten, die hiermit zu tun haben. Vielleicht leidest du jetzt unter den Lasten, die du zu tragen hast, und möglicherweise bist du nun depressiv oder fühlst dich unterdrückt. Wenn du aber beim Exaktwerden dieses Transits die Situation um dich herum analysierst und untersuchst, wie es um deine Pflichten und dein Bedürfnis nach Macht bestellt ist, kannst du negative Gefühle eliminieren. Auf diese Weise ist es dir auch möglich, zielstrebig in eine bestimmte Richtung hin tätig zu werden. Unter dieser Kombination können die Dinge mehr als zu jeder anderen Zeit klar und deutlich gesehen werden. Pluto steht für die Möglichkeiten, zu den Wurzeln zurückzugehen – und die Wurzeln werden von Saturn repräsentiert.

Eine gutes Beispiel hierzu ist die Frau, die mir bei unserem ersten Telefonat sagte: »Mein Ehemann hat mich verlassen, ich habe ernsthafte Probleme mit meinen Kindern, und meine Schwester, mit der ich zuvor eine sehr enge Beziehung hatte, hat den Kontakt zu mir angebrochen. Mit anderen Worten: Mein Leben wird zu einem Scherbenhaufen.« Sie schloß mit der Bemerkung: »Meine Welt löst sich in nichts auf, und ich kann nichts dagegen tun.« All dies hörte sich sehr plutonisch an. Als ich ihr Horoskop und die Transite dazu untersuchte, stellte ich fest, daß Pluto gerade durch ihr 3. Haus lief (das für Geschwister steht) und im Quadrat zum Geburts-Saturn (die Struktur des Lebens) stand, welcher sich im 5. Haus (Kinder) befand. Saturn war auch noch der Mitregent des 7. Hauses (Partnerschaften).

Das 3. Haus steht auch für Kommunikation. Wenn sich Pluto hier befindet, ist dies ein Hinweis darauf, daß wir uns bemühen sollten, wichtige Dinge an die Oberfläche zu bringen. Für die Frau aus unserem Beispiel schien es also zunächst einmal empfehlenswert, sich mit den Leuten auseinanderzusetzen, mit denen die Schwierigkeiten bestanden. Ich erklärte ihr aber, daß der Pluto-Transit zu Saturn die Veränderung der Lebensstruktur bedeutete und daß in diesem Zusammenhang möglicherweise einige Beziehungen zuende gehen mußten. Die Frau litt so sehr unter ihrer Situation, daß sie zu allem bereit war. Alle Beziehungen waren ihr wichtig – sie begann aber mit der zu ihrer Schwester, weil sie auf diese vielleicht noch am wenigsten angewiesen war. Sie vermied es, der Schwester direkt zu begegnen, sondern schrieb ihr einen Brief, in dem sie versuchte, ihre Gefühle darzulegen. Sie fragte dann, was eigentlich falsch zwischen ihnen gelaufen war. Als die Probleme erst einmal auf dem Tisch lagen, verbesserte sich die Situation. Diese Entwicklung gab der Frau den Mut, sich offener gegenüber ihren Kindern und ihrem Ehemann zu verhalten. Die Veränderung, die sie durchmachte, verbesserte in jeder Hinsicht die Lage für sie.

♇➤♅ ***Pluto-Transite zu Uranus*** stehen für Zeiten, die du auswählen kannst, um eine Revolution zu starten. Es sei hier an die Aufstände erinnert, die sich in den 60er Jahren unter der Konjunktion dieser Planeten ereignet haben. Durch den Ausdruck deiner Individualität und Kreativität kannst du zu diesen Phasen vermeiden, mit Gewalt in Kontakt zu kommen, welche aus der Unterdrückung des wahren Selbstes resultiert. Wenn du in einer Situation bist, in der du dich nicht wirklich zum Ausdruck bringen kannst oder von denjenigen, die die Verkörperung dieses Aspektes darstellen, unterdrückt wirst, solltest du nach alternativen alchimistischen Wegen suchen.

Ein Beispiel: Eine frischverheiratete Frau war der Ansicht, daß ihre Schwiegermutter versuchte, ihre Ehe zu zerstören. Unter verschiedenen Transiten dieser Zeit war auch die Pluto/Uranus-Verbindung. Die Frau empfand das Bedürfnis, der Schwiegermutter die Tür zu weisen, fühlte sich dafür aber in der neuen Rolle noch zu unsicher. Zu dieser Zeit wurde sie politisch aktiv und zur Sprecherin einer lokalen Gruppierung gewählt. Dies beendete zwar nicht die Angriffe der Schwiegermutter auf sie, führte aber dazu, daß ihr Ehemann noch mehr Anerkennung für sie empfand und sich die Beziehung festigte.

♇➤♆ ***Pluto-Transite zu Neptun*** könnten bedeuten, daß sich deine religiöse oder spirituelle Einstellung verändert. Ein junger Mann, bei dem diese beiden Planeten im Horoskop im Sextil zueinander stehen (wie es bei allen seit den 40er Jahren Geborenen der Fall ist) und von diesen aus jeweils ein Quinkunx-Aspekt zum MC vorhanden ist (wodurch es zur *Yod-Konstellation* kommt), entschied sich dafür, als Pluto im Transit auf seinem Neptun stand, in einem Ashram zu leben. Seine Erziehung war sehr katholisch gewesen. Als sich der erste Übergang Plutos ergab, hatte er seine Religion infragegestellt und damit begonnen, nach Alternativen zu suchen. Beim dritten Kontakt unternahm er den angeführten Schritt.

Unter diesen Transiten ist auch ein gesteigertes Bewußtsein bezüglich unklarer Situationen möglich. Vielleicht kommt es aber auch dazu, daß du dich benutzt oder mißbraucht fühlst. Die Analyse und aufrichtige Auseinandersetzung mit den Geschehnissen kann außerordentlich hilfreich sein. Was das Moment des Betrugs angeht, stellst du vielleicht im Nachhinein fest, daß du die Motive der anderen Person verkannt hast. Wie dem auch sein mag – das Offenlegen der Gefühle dürfte deine Situation verbessern. Neptun steht vor allem für die Kraft der Imagination. Mit diesem Planeten kannst du Geschichten erfinden und dann – wenn Pluto ins Spiel kommt – zwanghaft an den Vorstellungen festhalten. Um herauszufinden, ob deine Annahmen auf stimmigen Voraussetzungen beruhen, solltest du dich unbedingt mit deinen Gefühlen auseinandersetzen. Ansonsten kann es dazu kommen, daß sich aufgrund von haltlosen Verdächtigungen Wut in dir aufstaut, die sich schließlich in heftigen Explosionen entlädt.

♇ ➤ ☊ ☋

Pluto-Transite zu den Mondknoten können bedeuten, daß du in Kontakt mit mächtigen Menschen kommst oder daß Macht zum Thema in einer bestehenden Verbindung wird. Sei dir dessen bewußt und halte dich bereit, für deine Rechte einzustehen! Ebenfalls denkbar wäre, daß sich hinsichtlich einer Beziehung eine Transformation oder auch das Ende ergibt. Du solltest zu diesen Zeiten untersuchen, was du von anderen willst und brauchst. Diese Erkenntnis ermöglicht es dir, frühzeitig in Beziehungen deine Bedürfnisse anzumelden oder dich auf eine produktive Weise mit deinem Partner auseinanderzusetzen. Wenn du dir über deine Erwartungen im klaren bist, kannst du relativ leicht entscheiden, ob die Partnerschaft ihnen entspricht.

♇➤⊗ ***Pluto-Transite zum Glückspunkt*** bringen einen starken Sinn für das Ganzheitliche mit sich. Vielleicht mußt du aber auch jetzt erkennen, daß das Ziel, welches du solange angestrebt hast, nicht zu erreichen ist oder auf einmal keinen Wert mehr für dich hat. Ich erinnere mich deutlich, daß ich mich selbst und meine Lebensrichtung gefunden habe, als der Transit-Pluto auf meinem Glückspunkt stand. Zu dieser Zeit genoß ich es sehr zu unterrichten, und ich schrieb mein erstes Buch. Der Glückspunkt steht in meinem Horoskop im 3. Haus, und ich erkannte in dieser Phase, wie wichtig die Kommunikation mit der Welt in ihrer Gesamtheit für mich war. Wenn du unter einem Pluto-Transit zum Glückspunkt mit deiner Lebensrichtung unzufrieden wirst, solltest du die Warnung ernstnehmen, allerdings nicht gleich alles ändern. Durch die sorgfältige Analyse kannst du herausfinden, welche Elemente zu retten sind. Es ist im allgemeinen nicht notwendig, daß du noch einmal ganz von vorn anfängst. Du mußt vielleicht nicht das ganze Projekt abbrechen, sondern dich nur von bestimmten Bestandteilen verabschieden. Möglicherweise reicht es auch, auf eine andere Weise vorzugehen. Es wäre sehr ärgerlich, wenn du nun etwas ablegen würdest, was sich später als wertvoll herausstellt. Untersuche, so gründlich du kannst, wer du bist, insbesondere im Hinblick auf das Horoskop-Haus, in dem sich der Glückspunkt befindet. Dies weist dir den Weg zur Erleuchtung.

♇➤MC ***Pluto-Transite zum MC*** künden möglicherweise von einem neuen Beruf oder einem neuen Bild, das du der Öffentlichkeit von dir vermittelst. Sei dir im klaren darüber, daß sich diese Veränderung nicht über Nacht ergeben wird. Zum einen kommt es zu drei bis fünf Pluto-Kontakten zum MC, und zum anderen folgt darauf noch der zwölf Jahre oder länger dauernde Transit des Planeten durch das 10. Haus. Diese ganze Zeit steht dir für notwendige Veränderungen zur Verfügung. Auch dann, wenn viel zu tun ist: Untersuche das entsprechende Gebiet sorgfältig und gehe dann gründlich und umsichtig vor. Ob es dabei nun zur umfassenden Transformation kommt oder nicht – Macht ist zu dieser Zeit ein wichtiges Thema. Möglicherweise erhältst du jetzt mehr Macht in deinem Beruf oder mußt dich damit auseinandersetzen, daß andere dich beherrschen. Vielleicht läßt du deine Muskeln spielen und zeigst den anderen, daß sie mit dir rechnen müssen. Finde positive Möglichkeiten, dich zu behaupten – reite die anderen aber nicht in Grund und Boden. Eine meiner Studentinnen sagte mir einmal, daß sie zu dieser Zeit damit aufgehört hätte, andere herumzukommandieren. Sie hatte gelernt, »Nein« zu sagen.

♇ ➤ AC ***Pluto-Transite zum Aszendenten*** bedeuten – wie die Transite dieses Planeten zum MC auch –, daß Macht im Vordergrund steht, allerdings mit dem Unterschied, daß es hier mehr um die Macht über sich selbst als über andere geht. Du hast nun möglicherweise das Bedürfnis, dich in einer bestimmten Hinsicht zu verändern, was zum Beispiel heißen könnte, daß du dich jetzt auf eine ganz andere Art und Weise kleidest. Es kann sein, daß du dir nun einen Stil zulegst, der früher nicht zu dir gepaßt hätte. Es ist faszinierend zu beobachten, wie sehr die äußerliche Erscheinung die innere Entwicklung widerspiegeln kann. Diese Pluto-Transite bedeuten möglicherweise ein vollständig anderes Erscheinungsbild, und du könntest diese Zeit dazu nutzen, ab- oder zuzunehmen. Du solltest deine Motive gründlich untersuchen – mit der unbeirrbaren plutonischen Energie kannst du dann das, was du dir vorgenommen hast, in die Realität umsetzen. Beide Möglichkeiten sind denkbar: Du könntest nun an Freßgelagen teilnehmen oder mit stolzer Selbstverleugnung und eisernem Willen Diät halten. Wenn das Gegenteil von dem geschieht, was du willst, mußt du an dir eine Art «Gehirnwäsche» vornehmen.

Die Konjunktion mit dem Aszendenten hat mehr als jeder andere Aspekt mit Entwicklungen zu tun, die das Äußere berühren. Nachdem du mit dem Pluto-Transit durch das 12. Haus eine Vielzahl von Jahren nach innen geschaut hast, mußt du hinsichtlich dessen, was du zuvor analysiert hast, Entscheidungen treffen. Unter diesem Transite fühlte eine Frau die Notwendigkeit, zwischen ihrem Mann und ihrem Liebhaber die Wahl zu treffen. Sie hatte über Jahre hinweg im Verborgenen eine Affäre gehabt und sich insofern mit zwei Beziehungen auseinandersetzen müssen. Nun aber verspürte sie den inneren Drang, sich zu entscheiden, mit welchem Mann sie den Rest ihres Lebens verbringen wollte. Niemand setzte sie unter Druck – sie selbst war es, die dies wollte. Sie sagte, daß sie lange nachgedacht hatte, aber erst zu der Zeit, als Pluto auf dem Aszendenten stand, den Drang fühlte, aktiv zu werden. Mit dem Eintritt Plutos ins 1. Haus – dem der Persönlichkeit – fühlte sie nicht nur das Bedürfnis nach Offenlegung ihrer Beziehungen, sondern auch nach Transformation ihrer selbst. Sie begann diesen Prozeß damit, sich astrologisch beraten zu lassen. Als nächstes kam es mit jedem der Männer zu einem Gespräch über die Beziehung. Zur gleichen Zeit fingen sie und ihr Ehemann damit an, sich familientherapeutisch beraten zu lassen. Die Frau überstürzte ihre Entscheidung nicht. Sie wurde sich der Probleme bewußt und analysierte sie gründlich, bevor sie handelte. Schließlich ergab es sich, daß sie und ihr Ehemann die Schwierigkeiten ausräumten und sie bei ihm blieb, in der Überzeugung, die richtige Entscheidung getroffen zu haben.

Pluto-Transite durch die Häuser

Der Pluto-Transit durch die Häuser sollte im großen und ganzen auf die gleiche Weise wie die Aspekte zu den Planeten und Punkten des Geburtshoroskops behandelt werden. Wir haben es hier mit Konzepten wie Analyse, Macht, Eliminierung und Transformation zu tun. Die Zeitspanne für plutonische Veränderungen im Leben ist natürlich viel größer als bei den Aspekten. Wenn Pluto auf einer Hausspitze steht, ergibt sich oftmals eine (oder auch zwei) Situationen, die dem Symbolismus dieses Planeten und des betreffenden Hauses entsprechen. Als Pluto auf meinem IC stand, heiratete unser jüngstes Kind (wir haben weder das Datum noch die genaue Uhrzeit ausgesucht). Der Auszug unseres Sohnes brachte eine große häusliche Veränderung mit sich. Zu dieser Zeit entschied ich, daß unser Haus angestrichen werden sollte. Ich tat dies aus einem Grund, der nichts mit Astrologie zu tun hatte: Einige der Aktivitäten im Zusammenhang mit der Hochzeit sollten bei uns stattfinden. Ich wußte natürlich, daß die Veränderung des Aussehens des Hauses eine positive Weise war, mit den plutonischen Energien umzugehen (wobei ich es mir hier aber untersage, näher auf die Machtkämpfe mit den Malern einzugehen. Abschließend muß ich aber einräumen, daß das Ergebnis alle Kämpfe wert war).

Du wirst dir nicht ständig bewußt sein, in welchem Haus Pluto steht. Das ist auch gar nicht notwendig. Von Zeit zu Zeit werden es die Umstände mit sich bringen, daß du mit plutonischer Gründlichkeit Dinge analysierst oder daß es im Hinblick auf den betroffenen Bereich zur Transformation kommt. Manchmal wirst du ohne jede äußere Einwirkung das Bedürfnis haben, Veränderungen vorzunehmen. Sei dir dessen bewußt, daß Pluto dir – wie jeder andere Planet auch – bei seinem Lauf durch ein Haus dabei hilft, Probleme zu lösen, die mit diesem zusammenhängen. Er bietet dir die Chance, die betreffenden Energien auf eine konstruktive Weise zu nutzen.

♇ 1 ***Pluto im 1. Haus:*** Versuche, andere zu dominieren... Oder: Strebe nach Transformation für deine Persönlichkeit, bemühe dich, die Kontrolle über dein Leben zu bekommen.

♇ 2 ***Pluto im 2. Haus:*** Gib all dein Geld aus und noch mehr... Oder: Beteilige dich an einem Unternehmen, das finanzielle Erfolge bringen könnte oder beurteile dein Wertesystem neu.

♇ 3 ***Pluto im 3. Haus:*** Dominiere alle Unterhaltungen... Oder: Analysiere gründlich, was du sagen willst, damit du auf eine kraftvolle Weise kommunizieren kannst.

♇ 4 ***Pluto im 4. Haus:*** Laß es zu, daß andere die Kontrolle über dein Zuhause übernehmen... Oder: Kümmere dich um den Haushalt oder renoviere die Wohnung.

♇ 5 ***Pluto im 5. Haus:*** Verhalte dich deinen Kindern gegenüber diktatorisch... Oder: Analysiere, was in ihnen vorgeht, oder starte mit einem künstlerischen Projekt, mit dem du Einfluß ausüben kannst.

♇ 6 ***Pluto im 6. Haus:*** Finde dich mit den Problemen ab, die du mit deinen Mitarbeitern hast... Oder: Nimm umfassende Veränderungen hinsichtlich deines Tagesablaufs vor oder gewöhne es dir an, sofort jeden Abfall zu beseitigen.

♇ 7 ***Pluto im 7. Haus:*** Beende Verbindungen ohne bestimmten Grund... Oder: Untersuche sorgfältig, welche Probleme in den Beziehungen vorhanden sind. Bemühe dich gegebenenfalls darum, diese zu transformieren.

♇ 8 ***Pluto im 8. Haus:*** Vielleicht fühlst du dich aufgrund von finanziellen Verpflichtungen durch andere kontrolliert. Möglicherweise kümmerst du dich nun aber auch um das Geld von jemand anderem oder beschäftigst dich mit deiner Sexualität in Beziehungen.

♇ 9 ***Pluto im 9. Haus:*** Fühle dich in religiöser Hinsicht manipuliert... Oder: Bemühe dich um Transformation.

♇ 10 ***Pluto im 10. Haus:*** Möglicherweise hast du das Gefühl, an deinem Arbeitsplatz drangsaliert zu werden. Vielleicht bekommst du nun aber auch mehr Macht oder wechselst den Beruf.

♇ 11 ***Pluto im 11. Haus:*** Vielleicht ergibt sich für dich jetzt der Eindruck, daß deine Mitstreiter dich kontrollieren wollen. Denkbar wäre auch, daß du nun zu einer Autorität in einer Organisation oder das Mittel wirst, durch das deine Gruppe transformiert wird.

♇ [12] ***Pluto im 12. Haus:*** Gib dich den Gefühlen der Ohnmacht hin... Oder: Beschäftige dich intensiv mit dem Unbewußten oder strebe danach, hinter den Kulissen Macht auszuüben.

Der alchimistische Umgang mit Pluto-Transiten

Themen, die mit Pluto in Verbindung stehen, können auf verheerendere Weise als die aller anderen Planeten in Erscheinung treten. Anders als bei Uranus oder Neptun – bei denen die Veränderungen immer etwas Tastendes haben – sind die Umkehrungen, die sich unter Pluto ergeben, dauerhaft und schwieriger rückgängig zu machen. Und doch scheinen die alchimistischen Rituale hier am besten zu funktionieren. Wenn du einen Pluto-Transit erlebst und spürst, daß Veränderungen bevorstehen, ohne zu wissen, was du tun sollst – steck' den Kopf nicht in den Sand. Ich habe immer wieder gesehen, daß befriedigende Resultate möglich sind. Beginne damit, alle Schränke und Kommoden aufzuräumen. Es ist nicht notwendig, daß du alles sofort erledigst, und du brauchst auch nicht alles wegzuwerfen. Du kannst langsam anfangen (vielleicht, indem du zwei Kleidungsstücke am Tag intensiv untersuchst, für den Fall, daß dir ein ganzer Schrank zuviel ist) und so lange weitermachen, bis die Arbeit erledigt ist. Du brauchst nur die Dinge wegzuwerfen, die nicht länger notwendig sind und die keinen Nutzen mehr für dich haben. Wenn du dir auf diese Weise mehr Platz geschaffen hast, wirst du die Resultate auch auf anderen Gebieten deines Lebens zu spüren bekommen – aus welchen Gründen auch immer. Oftmals gehen Menschen, die keine Ahnung von der Astrologie haben, unter Pluto-Transiten instinktiv auf diese Art und Weise vor – bevor sie den Rat bekommen, dies zu tun. Die oben erwähnte Frau, die sich zwischen ihrem Ehemann und ihrem Liebhaber entscheiden mußte, kam zu unserer ersten Sitzung 15 Minuten zu spät, weil sie den inneren Drang verspürt hatte, mit dem Aufräumen des Schrankes fertigzuwerden. Ich kenne noch viele anderer solcher Beispiele. Nachdem ich vier- oder fünfmal in Verbindung mit Pluto-Transiten derartige Berichte gehört hatte, beschloß ich, das Aufräumen in die Liste der alchimistischen plutonischen Tätigkeit aufzunehmen.

Wenn du vielleicht ein ausgeprägter Jungfrau-Typ und so ordentlich bist, daß du keinen unaufgeräumten Schrank hast, könntest du dich ersatzweise damit beschäftigen, jeden Abfall sofort aus der Wohnung zu schaffen. Auch dieses Ritual ist effektiv. Du machst vielleicht die Feststellung, daß es nun mehr Müll als zu anderen Zeiten gibt – was ein sicheres Zeichen dafür ist, daß etwas aus deinem Leben entfernt werden muß.

Das letzte Ritual, auf das ich hier hinweisen möchte, ist das der Erneuerung. Natürlich hat nicht jeder ein Haus, das er renovieren könnte, und nicht jedes Haus muß renoviert werden. Falls hier aber eine Möglichkeit besteht, solltest du sie nutzen. Es gibt auch andere Dinge, die erneuert werden können, wie zum Beispiel Möbel. Mir gefällt dieses alchimistische Ritual besonders gut, weil sich hier zeigt, daß Pluto nicht unbedingt die totale Umwandlung bedeutet. Es geht hier darum, auf soliden Fundamenten aufzubauen. Wenn du beispielsweise einen Stuhl bearbeitest, mußt du vielleicht Farbschicht um Farbschicht abtragen, bis du das Holz siehst. Du hast in diesem Fall nicht die Form des Gegenstandes verändert, sondern ihn nur in seinen ursprünglichen Zustand versetzt. Du kannst ihn dann zu dem machen, was dir vorschwebt.

Wenn du all dies unter einem Pluto-Transit im Kopf hast, mußt du dir wahrscheinlich nicht viel Sorgen um die Begleiterscheinungen machen. Pluto stellt nicht alles infrage, was du getan hast. Es geht bei diesem Planeten vielmehr darum, den Kontakt zum wahren Selbst herzustellen – welches zuvor vielleicht unter vielen Schichten verborgen war. Du mußt an den Kern deines Selbstes kommen, bevor du dein neues Ich entwickeln kannst.

Kapitel 8

Die Mondknoten-Transite

Die Mondknoten bewegen sich gleichmäßig mit einer Geschwindigkeit, die zwischen drei und vier Minuten pro Tag liegt. Sie brauchen etwas mehr als 18 Tage, um einen Tierkreisgrad zu durchlaufen. Der Ein-Grad-Orbis für den Transit-Aspekt besteht für etwa 38 Tage. Die wahren Mondknoten wechseln häufig die Richtung. Dieses Kapitel soll nicht als Plädoyer für die mittleren Mondknoten gegenüber den wahren Mondknoten verstanden werden. Allerdings stehen die mittleren Knoten länger im Aspekt zu Planeten oder Punkten des Horoskops als die wahren Knoten. Das würde mehr Zeit für die Auseinandersetzung mit den Problemen bedeuten, die sie symbolisieren.

☊☋ Mondknoten-Schlüsselfunktion

Mit der Mondknoten-Achse ist ebenso eine bestimmte Funktion verbunden, wie das bei den Planeten der Fall ist. Die Mondknoten stehen in Verbindung mit unseren Beziehungen. Im Geburtshoroskop zeigt uns die Stellung der Mondknoten sowie deren Aspekte zu den anderen Horoskop-Faktoren, auf welche Weise wir mit anderen kommunizieren. Der Mondknoten-Transit liefert uns Informationen darüber, was andere zu bestimmten Zeiten in uns hervorrufen.

Wenn es zwischen einem Transit-Planeten und der Mondknoten-Achse des Geburtshoroskop oder zwischen dem Transit der Mondknoten und einem Geburts-Planeten zum Aspekt kommt, bedeutet das, daß wir zu dieser Zeit auf eine bestimmte Art von Menschen ausgerichtet sind. Wenn es so ist, daß ein Transit-Planet die Mondknoten-Achse des Geburtshoroskops aktiviert, wirst du die Energien, für die der Planet steht, in deinen Beziehungen zum Einsatz bringen. Liegt der Fall anders herum (Transit der Mondknoten über einen Geburts-Planeten), dient jemand anderes als Auslöser dafür, daß du in Kontakt mit den Energien in dir selbst kommst. Ein Beispiel: Wenn Saturn im Transit deine Mondknoten aspektiert, könnte das heißen, daß du untersuchst, wie es um deine Verantwortung oder die Übernahme von Pflichten in der Beziehung bestellt ist. Die Idee, das zu tun, geht dabei von dir aus, du bist hier der Initiator. Wenn aber die Transit-Mondknoten deinen Saturn aspektieren, wird eine andere Person dich auf diese oder jene Art dazu bringen, deine Verantwortung oder Pflichten zu hinterfragen. Die Zwang, dies zu tun, geht hier von jemand anderem aus. Die Art und Weise aber, wie du darauf reagierst, liegt bei dir.

Welche Gefühle Mondknoten-Transit hervorrufen können

Vielleicht ist es nicht ganz richtig zu sagen, daß der Transit der Mondknoten für eine gewisse Art von Unruhe in unserem Inneren sorgt. Entscheidend ist, daß das Gefühl, welches mit dem aktivierten Geburts-Planeten oder -Punkt verbunden ist, zu dieser Zeit im Blickpunkt steht – wie oben erläutert. Die Empfindungen, die mit dem Transit der Knoten zu Saturn einhergehen, sind saturnisch. Mit anderen Worten: Ein anderer Mensch ist dann dafür verantwortlich, daß du untersuchen mußt, wie es um deine Pflichten bestellt ist. Ist zum Beispiel der Geburts-Uranus vom Transit betroffen, wirst du durch einen anderen Menschen auf uranische Themen aufmerksam gemacht. Der gemeinsame Nenner besteht darin, daß der Ansporn zur Aktivität unter dem Transit der Mondknoten von außen kommt.

Wie Mondknoten-Transite genutzt werden können

Die Transite der Mondknoten bringen es zwar mit sich, daß jemand anderes dich beeinflußt – nichtsdestotrotz ist es möglich, sie zu deinem Vorteil zu nutzen. Wenn du von Zeit zu Zeit in die Ephemeriden schaust, weißt du immer schon im voraus, was in deinem Inneren aktiviert sein wird. Auf diese Weise kannst du dich auf die Geschehnisse vorbereiten und Einfluß nehmen.

Der Mondknoten-Zyklus kann deutlich machen, auf welche Weise andere uns beeinflussen. Er umfaßt 18,61 Jahre. Alle 4,65 Jahre ergibt sich innerhalb seines Zyklus ein «harter» Hauptaspekt. Du kannst davon ausgehen, daß irgendeine deiner Beziehungen zu dieser Zeit einen Einfluß darauf hat, auf welche Art du mit anderen kommunizierst. Allerdings ist es nicht so, daß du eines Morgens aufwachst und aus blauem Himmel heraus den Entschluß triffst, nun mit anderen Menschen zu verkehren, wenn die Mondknoten im Transit-Aspekt zu denen des Geburtshoroskops stehen. Diese Veränderung wird vielmehr durch äußere Umstände erzwungen. Eine Studie zum Zyklus der Mondknoten und deren Bedeutung im Leben der amerikanischen Präsidenten, die auf dieser Prämisse beruht, wurde von Ken Negus durchgeführt.* Der Autor konzentrierte sich dabei auf die Konjunktionen und die Oppositionen. Er machte die Entdeckung, daß die Konjunktion und die Opposition der Transit-Knoten zu denen des Geburtshoroskops in den meisten Fällen mit Ereignissen einhergingen, die wichtig genug waren, um in biographischen Abrissen erwähnt zu werden. Die Vorfälle erstreckten sich dabei von dem Eintritt in das Amt, der Heirat bis hin zum Rücktritt oder dem Tod. Einige Ereignisse waren fraglos angenehmer als andere – alle aber hatten damit zu tun, daß sich Veränderungen bezüglich der Verbindung zu den Mitmenschen oder der Gesellschaft insgesamt ergaben. Dies gilt auch für den Tod, welchen wir als die Einstellung aller weltlichen Beziehung interpretieren können.

Keiner meiner Klienten kann die Welt in dem Maßstab beeinflussen wie ein Präsident der Vereinigten Staaten. Nichtsdestotrotz kam es bei den mir persönlich bekannten Fällen zu den Zeiten, als der aufsteigende Transit-Mondknoten in Konjunktion oder in Opposition zur Geburtsstellung stand, zu äußerlich veranlaßten Veränderungen der Beziehungen. Ich habe die Entdeckung gemacht, daß auch die Quadrate wichtig sind, und ich berücksichtige sie in gleicher Weise wie die Konjunktionen und Oppositionen. Die Wiederholung der Geburtskonstellation aber scheint der wichtigste Faktor zu sein.

---

* Kenneth G. Negus: *The Moon's Nodes. The Nineteen-Year Transit Cycle and the U.S. Presidents*. In: *Journal of the Astrological Society of Princeton*. New Jersey, Heft Nr. 2.

Eine Freundin von mir, die Kunsthandwerkerin und Lehrerin ist, hat den aufsteigenden Mondknoten im 10. Haus. Sie sagte mir, daß es bei ihr bereits einige Zeit, bevor der aufsteigende Mondknoten wieder die Geburtsstellung erreichte, im Hinblick auf die beruflichen Kontakte zu Schwierigkeiten gekommen war, einige Wochen, bevor es zum Ein-Grad-Orbis kam. Meine Freundin merkte, daß irgend etwas nicht stimmte, verwarf aber die Idee, Änderungen vorzunehmen. Sie tat dies zumindest solange, bis ihre Schüler, die zuvor gerne zum Unterricht gekommen waren, nur noch unregelmäßig erschienen oder ihre Besuche ganz einstellten. Wenn auch die meisten nachvollziehbare Gründe für das Fernbleiben angaben, war meine Freundin doch so verunsichert, daß sie sich die Frage stellte, ob nicht vielleicht sie oder ihre Art zu lehren die Ursache war. Als ich auf ihre Schilderung hin ihr Horoskop betrachtete und dabei darauf stieß, daß die Mondknoten kurz davor waren, die Geburtsposition einzunehmen, erkannte ich, daß dies damit zusammenhing. Es handelte sich für sie um eine Zeit, in der sich die Beziehung zur Welt veränderte. Ich war mir der Sache noch sicherer, als sie mir sagte, daß sie zwei Jahre zuvor ähnliche Gefühle gehabt hätte. Ihre Produkte waren nicht mehr gefragt gewesen, und ihre Arbeit schien an einen toten Punkt gelangt zu sein. Dies war das erste Mal gewesen, daß sie ihre Fähigkeiten infragegestellt hatte. Sie nahm nun eine neue Technik in ihr Repertoire auf und begann damit, Unterricht zu geben. Als ich in den Ephemeriden nachsah, stellte ich fest, daß zu dieser Zeit der aufsteigende Mondknoten in das 10. Haus gekommen war.

Als wir die Situation in ihrer Gesamtheit analysierten, erkannte sie, daß nicht alle Erfahrungen im Zusammenhang mit ihrer Kunst und dem Unterricht negativ waren. Sie stellte zu dieser Zeit nicht ihr Talent infrage, sondern eher ihre Unterrichtsmethode und die Art und Weise, mit anderen umzugehen. Zur Zeit der Wiederkehr des aufsteigenden Mondknotens auf die Geburtsposition bestand für sie der Zwang, sich mit diesen Problemen auseinanderzusetzen – wenn sie sich schon damit beschäftigt hätte, als sie ihr zum ersten Mal bewußt wurden, hätte sie vielleicht einige der unangenehmen und kränkenden Begleiterscheinungen vermeiden können.

Dieses Beispiel verschaffte mir die Einsicht, daß wir auch unter den Transit-Aspekten der Mondknoten etwas tun können. Es geht zwar darum, daß wir durch Mitmenschen dazu gebracht werden, uns in Beziehungen anders zu verhalten (Transit der Mondknoten zu den Mondknoten im Geburtshoroskop) oder daß wir durch andere in Kontakt zu unseren Eigenschaften kommen (Transit der Mondknoten zu Planeten des Geburtshoroskop) – es kann aber hilfreich sein oder eine unterstützende Wirkung haben, wenn wir uns durch das Studium der Ephemeriden vorbereiten. Wenn wir wissen, was aktiviert sein wird, können wir uns bewußt für die Menschen entscheiden, mit deren Hilfe der positive Ausdruck der entsprechenden Energien möglich ist. Zumindest können wir uns so auf die Art von Geschehnissen vorbereiten, die zu erwarten ist. Wenn wir wissen, worum es geht und unsere Antriebskräfte konstruktiv zum Ausdruck bringen, muß es nicht zu negativen Manifestationen kommen. Ich verwende seit geraumer Zeit diese Herangehensweise, und die meisten Reaktionen, die ich von meinen Klienten erhalte, sind positiv.

☊ ☋ ➤ ☉

Mondknoten-Transite zur Sonne legen nahe, daß dein Ego jetzt in irgendeiner Weise auf dem Spiel steht. Ich kenne einige Fälle, in denen Menschen unter diesen Transiten – gleichgültig, ob es sich um kritische oder um harmonische Aspekte handelte – befördert wurden. Gleichermaßen weiß ich von einem Beispiel, bei dem sich unter dem Transit-Sextil des aufsteigenden Mondknotens zur Sonne eine Entlassung ereignete. Dies kam wie aus heiterem Himmel – nicht nur für den Klienten, sondern auch für mich. Ich war davon überzeugt gewesen, daß sich zu dieser Zeit eine Beförderung ergeben würde – wie ich es bei allen anderen Fällen beobachtet hatte. So erkannte ich, daß zu diesen Zeiten zwar aufgrund von äußerlichen Einflüssen das Ego im Blickpunkt steht, das Ergebnis dabei aber nicht unbedingt positiv sein muß. Ich sehe diese Transite jetzt so, daß die Welt den Scheinwerfer auf dich richtet und du dich, so gut du kannst, im Rampenlicht darstellen solltest. Du kannst noch einen Schritt weitergehen. Überlege dir, welche Art von Anerkennung dir wichtig ist, und arbeite dann darauf hin, diese zu bekommen. Es ist nicht notwendig, sich dabei auf den Beruf zu beschränken – du kannst dies auf jeden Bereich, in dem du Beachtung finden möchtest, übertragen.

☊☋ ➤ ☽

Mondknoten-Transite zum Mond könnten es mit sich bringen, daß bestimmte Situationen dich emotional stark beschäftigen. Vielleicht kommt es auch dazu, daß an deine mütterliche Seite appelliert wird. Während dieser Zeit bist du möglicherweise gegenüber dem, was andere machen, sensibler als sonst, was zur Folge haben könnte, daß du in der Beziehung sehr emotional und aus dem Instinkt heraus reagierst. Verdrängte Emotionen könnten nun aus dem Unbewußten aufsteigen und dich noch einmal mit der Vergangenheit konfrontieren. Wenn dies der Fall ist, solltest du sorgfältig untersuchen, was da ans Licht kommt, und diesen Prozeß keinesfalls unterdrücken. Auf diese Weise kannst du alte Zwangsvorstellungen loswerden. Die Sensibilität, die mit diesen Transiten verbunden ist, könnte sich zu dieser Zeit auch in Weichherzigkeit und Mitgefühl in den Beziehungen äußern.

☊☋ ➤ ☿

Mondknoten-Transite zum Merkur bedeuten, daß auf die eine oder andere Weise Kommunikation in Beziehungen von großer Wichtigkeit ist. Wenn es Menschen gibt, mit denen du gerne reden oder Briefe tauschen würdest, solltest du eine gewisse Zeit, bevor der Aspekt exakt ist, einleitende Schritt unternehmen. Vielleicht kommt es daraufhin dann zu dem gewünschten Kontakt. Deshalb rate ich auch denjenigen meiner Klienten, die schreiben, ihre Manuskripte zu diesen Zeiten abzuschicken. Dies ist keine Garantie für positive Ergebnisse, zumindest aber handelt es sich um einen stimmigen Symbolismus. Wenn es dazu kommen wird, daß jemand Kontakt zu dir aufnimmt: Warum solltest du dann nicht darauf hinzuwirken versuchen, daß es jemand ist, von dem du hören möchtest.

☊☋ ➤ ♀

Mondknoten-Transite zur Venus legen nahe, daß sich viele Kontakte ergeben. Du könntest nun eine Party organisieren und alle die Leute einladen, die du magst. Auf diese Weise könntest du das Gefühl vermeiden, deine Zeit mit Menschen zu vergeuden, denen du eigentlich aus dem Weg gehen möchtest. In dieser Phase dürftest du deine Schwierigkeiten damit haben, fleißig zu sein. Andere könnten dich immer wieder von deinen Tätigkeiten abhalten und dich auffordern, bei irgendwelchen vergnüglichen Unternehmungen mitzumachen. Es könnte dir nun ungemein schwerfallen, ein bestimmtes Vorgehensschema durchzuhalten – selbst dann, wenn dies von anderen Transiten unterstützt wird. Du könntest jetzt, um von Venus zu profitieren, eine Vergnügungsreise unternehmen. Wenn dies nicht möglich ist, solltest du wenigstens versuchen, deinen Tagesablauf so zu gestalten, daß etwas Zeit für venusische Vergnügungen bleibt.

☊☋ ➤ ♂

Mondknoten-Transite zu Mars könnten bedeuten, daß du aufgefordert wirst, auf irgendeine Weise die Initiative zu ergreifen, oder daß andere dich energetisch aufladen. Kontakte können zu dieser Zeit außerordentlich stimulierend wirken – allerdings ist denkbar, daß du jetzt auch schneller ärgerlich wirst als sonst oder du dich in hitzige Diskussionen verstrickst. Jetzt ist nicht die Zeit für gesetzte und ruhige Erörterungen. Wichtiger als dies ist für dich die körperliche Stimulation, vorzugsweise in Gesellschaft von anderen. Die Energien in Form von bestimmten Übungen zum Ausdruck zu bringen könnte dich davor bewahren, vor Wut zu platzen – wozu es kommen kann, wenn du dich von jemandem herausgefordert fühlst. Einer meiner Klienten unternahm unter diesem Transit eine Rucksack-Reise. Er kehrte zwar müde zurück, hatte aber sonst nichts Unangenehmes zu vermelden.

☊☋ ➤ ♃

Mondknoten-Transite zu Jupiter haben möglicherweise zum Resultat, daß andere Leute dir bei deiner Entwicklung helfen oder daß – wie bei den Transiten zur Venus auch – andere dir deine Zeit stehlen. Ein außerordentlich günstiger Zeitpunkt, um sich für einen Kurs anzumelden oder auf eine Reise zu gehen. Vielleicht fühlst du dich dabei von den vielen Eindrücken überwältigt – zumindest aber hast du damit einen Schritt in die richtige Richtung getan. Statt nur herumzusitzen und abzuwarten, was passiert, solltest du Situationen und Menschen suchen, die dir bei deiner Weiterentwicklung helfen können.

Eine Astrologie-Studentin, die davon ausging, daß der aufsteigende Mondknoten auf ihrem Jupiter automatisch wundervolle Auswirkungen bringen würde, lehnte sich zurück und harrte der Dinge, die da kommen sollten. Es ergab sich, daß sie sehr viel Arbeit erhielt und schließlich Überstunden machen mußte. Das bedeutete zwar etwas mehr Geld – sie hätte es aber vorgezogen, die Arbeit auf die übliche Zeit beschränkt zu sehen. Wenn sie nach Hause kam, wollte jedes Familienmitglied etwas von ihr. Das Gefühl, gebraucht zu werden, war zwar angenehm, die Erschöpfung aber, die sich allmählich ihrer bemächtigte, machte es ihr schwierig, dies zu genießen. Auch ihre Freunde beanspruchten sie in dieser Phase mehr als sonst. Jeder schien ihre Gesellschaft zu suchen, und es fiel ihr sehr schwer, »Nein« zu sagen. Sie war glücklich, als der Aspekt endlich vorbei war, und sie äußerte, daß sie beim nächsten Mal einen Monat Urlaub nehmen und wegfahren würde.

☊☋➤♄ ***Mondknoten-Transite zu Saturn*** bedeuten die Überprüfung der Lebensstruktur und der Verpflichtungen. Du tust dies nicht deshalb, weil du dies möchtest, sondern weil jemand anderes dich dazu veranlaßt. Vielleicht fühlst du dich aber auch von einer anderen Person in die Schranken gewiesen oder frustriert. Weil du nicht von dir aus das Bedürfnis hast, über deine Verantwortlichkeiten nachzudenken, könnte die Entwicklung für dich sehr überraschend verlaufen, und möglicherweise fühlst du dich durch sie beschränkt. Wenn du dich aber darauf vorbereitest, kannst du die Erfahrung machen, daß sich diese Zeit gut dafür eignet, deine Position in der Beziehung zu überprüfen und zu stärken. Vielleicht kommt es aber auch dazu, daß du durch den Einfluß einer anderen Person jetzt eine Belohnung erfährst.

Das Letztere kann am Beispiel einer Klientin erhellt werden, die sich mitten in der Scheidung befand. Als die Sache vor Gericht verhandelt wurde, standen die Mondknoten im Transit im Quadrat zu ihrem Saturn. Wir malten uns einige saturnische Auswirkungsmöglichkeiten aus und beschäftigten uns insbesondere mit derjenigen, die uns sehr gut zu ihrer Lage zu passen schien. Diese beinhaltete die Frage nach der Höhe der Abfindung, die der Mann zu zahlen hatte. Ich schlug ihr vor, ihre Bedürfnisse genau abzuschätzen, damit sie eine feste Vorstellung von der notwendigen Summe bekam und in der Verhandlung standhaft bleiben konnte. Sie ging noch einen Schritt weiter. Weil sich ihr Ehemann nicht im geringsten kooperativ zeigte, nannte sie – genau wissend, was sie wollte –, eine höhere Summe. Auf diese Weise war es ihr dann möglich, nach außen hin Zugeständnisse zu machen, ohne tatsächlich das, was sie wollte, zurückzunehmen. Das Ergebnis bestätigte sie. Sie war zufrieden über die Summe, die ihr zugesprochen wurde, und ihr Ehemann war der Ansicht, daß er als Sieger aus der Verhandlung hervorgegangen war.

☊☋ ➤ ♅

Mondknoten-Transite zu Uranus bringen die Spontanität in Beziehungen in den Blickpunkt. Möglicherweise erlebst du, daß ein neuer Mensch in dein Leben tritt oder daß jemand die Beziehung zu dir beendet. Andere könnten dich dazu auffordern, aus der Laune des Augenblicks heraus aktiv zu werden. Deine Individualität, Kreativität oder das Bedürfnis nach Freiheit könnten zu dieser Zeit herausgefordert sein. Es dürfte dir nun nicht unbedingt leichtfallen, Stabilität in eine Beziehung zu bringen. Reagiere einfach auf das, was kommt. Mit der Beteiligung von Uranus suchst du Aufregung – unternimm also zusammen mit jemand anderem etwas Spannendes. Wie unter dem Uranus-Transit zu den Mondknoten kann es unter dem Mondknoten-Transit zu Uranus zu überraschenden Bekanntschaften mit unkonventionellen Menschen kommen. Ein Mann, der mit dem Zug zur Arbeit fuhr, wurde unter diesem Transit auf dem Bahnsteig fortwährend von den verschiedensten eigenartigen Leuten angesprochen. Das Ganze hat ihm viel Spaß gemacht, und er erzählte sehr gerne von diesen Begebenheiten. Wenn du – aus welchen Gründen auch immer – es vermeiden möchtest, mit skurillen Menschen in Kontakt zu kommen, solltest du von dir aus die Gesellschaft dir angenehmer, kreativ veranlagter Personen suchen.

☊☋➤♆ ***Mondknoten-Transite zu Neptun*** bringen dir vielleicht die Begegnung mit einem Menschen, der dich in spiritueller Hinsicht stark beeinflußt. Hierbei handelt es sich um eine Phase, in der du von einer religiösen Sache oder Kursen oder Lehrgängen profitieren kannst, die sich mit etwas Nicht-Materiellem beschäftigen. Indem du dich solchen Aktivitäten verschreibst, könntest du es vermeiden, enttäuscht oder desillusioniert zu werden. Träume können wahr werden unter Neptun – Selbsttäuschung ist aber ein anderes mögliches Phänomen. Sei vorsichtig gegenüber Menschen, die dir unter diesem Transit materielle Vorteile versprechen. Du könntest jetzt verletzlicher sein als sonst und vielleicht Leute anziehen, die aus deiner Verletzlichkeit Profit schlagen. Wenn Neptun im Brennpunkt steht, ist es das Beste, sich – wenn irgend möglich – der nichtmateriellen Seite des Lebens zu widmen.

Das deutlichste Beispiel hierzu ist der Fall einer Studentin, deren Geburts-Neptun im 5. Haus steht. Bevor sie mit dem Studium der Astrologie begann, hatte sie das Angebot erhalten, Land in Florida zu erwerben. Sie konnte der Verlockung nicht widerstehen und ergriff die Chance beim Schopfe. Als sie ihren Besitz später in Augenschein nahm, merkte sie, daß er von Wasser bedeckt war. Beim Nachschlagen in den Ephemeriden stellte sie fest, daß zu dieser Zeit die Mondknoten im Quadrat zu ihrem Neptun gestanden hatten. Wenn sie sich dieses Transits bewußt gewesen wäre, als sie den Kauf tätigte, hätte sie vielleicht erst einmal die Reise unternommen und sich das fragliche Gelände angesehen. Dies hätte sie vor dem Fiasko bewahren können.

Eine andere mögliche Auswirkung besteht darin, daß wir unter jemandem zu leiden haben oder ausgenutzt werden. Sich selbstlos einer Sache zur Verfügung zu stellen ist ein schöner Umgang mit Neptun – die Freude aber wird schwinden, wenn du erkennst, daß dies auf einem manipulativen Vorgehen von jemanden beruht. Bevor der

Transit exakt wird, solltest du untersuchen, wie es um deine gemeinnützigen Handlungen bestellt ist. Schreibe auf, wem und weshalb du hilfst. Das wird dir helfen, deine Position zu bestimmen. Du kannst dann auch den Leuten, denen du nicht zu Diensten sein möchtest, eine begründete Ablehnung geben.

☊☋ ➤ ♇ ***Mondknoten-Transite zu Pluto*** zeigen möglicherweise an, daß du Macht verliehen bekommst oder daß du aufgefordert bist, deine Macht zum Einsatz zu bringen. Eine andere Auswirkung wäre, daß jemand dich dazu bringt, dich einem Prozeß der Analyse oder der Transformation zu unterziehen. Es kann den Anschein haben, daß es keine Möglichkeit gibt, der Situation zu entkommen. Und du spürst vielleicht den Druck, eine Entscheidung treffen zu müssen, die möglicherweise nicht rückgängig zu machen ist. Wenn du dich nicht selbst mit der Situation auseinandersetzt, könnte jemand anderes für dich die Entscheidungen treffen. Vielleicht bist du nicht verantwortlich für die *Umstände* der Situation – du kannst aber zumindest Einfluß darauf nehmen, welche *Resultate* aus ihr hervorgehen.

☊☋ ➤ ⊗ ***Mondknoten-Transite zum Glückspunkt*** können es mit sich bringen, daß du durch jemanden eine außerordentliche Chance erhältst. Vielleicht führt der Einfluß eines anderen Menschen aber auch dazu, daß du dich nun sehr wohl mit dir fühlst. Wenn du aber alles dem Zufall überläßt, kann es sein, daß dir jemand anderes zuvorkommt. Vielleicht stellst du nun auch deine Ziele aufgrund von Erfahrungen in der Beziehung infrage. Suche nach Wegen, Erfüllung durch Verbindungen zu finden. Wenn du den ersten Schritt unternimmst und Kontakte herstellst, öffnet dir das Türen. Ich kenne hierzu zahlreiche Beispiele, von denen ich zwei anführen möchte.

Das eine betrifft einen Mann, der den Glückspunkt im 10. Haus hat und der unzufrieden mit seiner Stellung war. Unmittelbar vor dem Transit des aufsteigenden Mondknoten über den Glückspunkt bewarb er sich auf einige Stellen, in der Erwartung, daß er dort glücklicher werden könnte. Als der Aspekt exakt war, bekam er eine positive Antwort. Der zweite Fall ist eine Frau, die sich nicht zurücklehnte und auf den Märchenprinzen wartete, als der aufsteigende Mondknoten sich ihrem Glückspunkt im 7. Haus näherte. Bestärkt von ihrem Astrologen, traf sie Verabredungen mit Männern, die ihr sympathisch waren. Im ersten der beiden Fälle wurde eine neue Beschäftigung gefunden, die befriedigend zu sein scheint. Das zweite Beispiel liegt noch nicht lange genug zurück, als daß sich schon Resultate gezeigt hätten. Zumindest aber sind die Köder ausgeworfen.

☊☋➤MC

Mondknoten-Transite zum MC bedeuten, daß deine Karriere oder dein öffentliches Bild in den Blickpunkt rückt – aufgrund der Einwirkung von anderen. Vielleicht machst du die Feststellung, daß du jetzt mehr Klienten beziehungsweise mehr berufliche Kontakte als sonst hast. Der Mann, der in dem oben angeführten Beispiel unter dem Transit des aufsteigenden Mondknotens über seinen Glückspunkt die Bewerbungen verschickte, wurde auf die richtige Weise aktiv – der Glückspunkt stand in seinem 10. Haus. Mehr als alle anderen Transite haben die der Mondknoten zum MC mit karrierefördernden Kontakten zu tun. Du könntest zu dieser Zeit auch um eine Gehaltserhöhung nachsuchen. Du solltest das sogar tun – die Erhöhung deiner Einkünfte wird sich nicht auf magische Weise von allein ergeben. Du kannst aber davon ausgehen, daß andere sich jetzt mit dir in beruflicher Hinsicht oder mit der Rolle, die du in der Öffentlichkeit spielst, auseinandersetzen. Vielleicht suchst du zu dieser Zeit auch von dir aus nach Anerkennung. Behalte dabei im Kopf, daß nun beides möglich ist – berühmt oder berüchtigt zu sein. Versuche dich von deiner besten Seite zu zeigen, weil die Welt auf das reagieren wird, was du projizierst.

☊☋➤AC

Mondknoten-Transite zum Aszendenten rücken dein persönliches Wesen in den Brennpunkt. Wenn du dich dafür interessierst, wie andere dich sehen, könntest du viel in dieser Zeit darüber erfahren – es wird dir ohne

Zweifel gesagt werden. Die Mondknoten-Achse steht für die Verbindungen im allgemeinen, ohne die Unterscheidung zwischen engen und weniger engen Kontakten, was zur Folge haben kann, daß jemand, den du kaum kennst, einen starken Eindruck auf dich macht. Wenn du dich zur Zeit dieses Transits angegriffen oder infragegestellt fühlst, solltest du nicht den Kopf in den Sand stecken. Es gilt jetzt, den Kontakt zu anderen aufrechtzuerhalten. Aufgrund dieser Tatsache solltest du dich bewußt für diejenigen entscheiden, die dir positive Gefühle zu dir selbst vermitteln.

Wenn einer der Mondknoten im Transit auf dem Aszendenten steht, kommt es zu etwas anderen Auswirkungen als bei den Transiten von Planeten. Die Mondknoten bewegen sich rückwärts durch den Tierkreis, was zur Folge hat, daß sie mit der Konjunktion zum Aszendenten das 1. Haus verlassen. Nach der Konjunktion durchlaufen sie nicht das 1., sondern das 12. Haus. Insofern verlassen sie den Bereich des Sichtbaren und treten in den des Unbewußten ein. Dies könnte bedeuten, daß andere dich dazu bringen, tief in dich zu blicken, oder dich auf eine Art und Weise beeinflussen, die deine Identität berührt (wobei sich letzteres auf einer unbewußten Ebene abspielen könnte). Aus diesem Grund ist es eine gute Idee, unter diesem Transit nach Menschen zu suchen, die einen unterstützenden Einfluß auf dich haben. Auf diese Weise kannst du die Periode, in der die Beziehungen auf einer eher unterschwelligen Ebene ablaufen (Mondknoten im 12. Haus), mit Selbstvertrauen beginnen und vermeidest unnötige Zweifel.

Mondknoten-Transite durch die Häuser

Wenn die Mondknoten auf einer Häuserspitze stehen, treten sie nicht in ein Haus ein, sondern verlassen es. Zum Beispiel kommt es nach der Konjunktion mit dem MC – was bedeutet, daß die Betonung in den Beziehungen auf der Karriere lag – dazu, daß Angelegenheiten im Zusammenhang mit dem 9. Haus in den Blickpunkt rücken. Weil wir es hier ja mit einer Achse zu tun haben, ist es eigentlich richtiger zu sagen, daß sich nach dem Transit über das MC und IC im Hinblick auf die Beziehungen Ereignisse ergeben könnten, die mit dem 3. und dem 9. Haus in Verbindung stehen. Vielleicht kommt es in dieser Zeit sogar zu einem dramatischen Vorfall mit den Mitmenschen. Wie bei den Planeten auch solltest du nicht erwarten, daß sich an jedem einzelnen Tag eindeutige Geschehnisse ergeben. Du solltest den Mondknoten aber in den Zeiten, in denen sie in ein Haus laufen beziehungsweise ein anderes verlassen, besondere Aufmerksamkeit widmen.

Ich habe die Auswirkungen der Transite der Mondknoten über die Hausspitzen an meinem eigenen Horoskop studiert. Als der aufsteigende Mondknoten in mein 7. Haus kam, heiratete ich; als er in das 5. Haus lief, bekam ich mein erstes Kind. Diese Entdeckung ermutigte mich, den Lauf der Mondknoten durch die Häuser aufmerksam zu verfolgen. Weiterhin begann ich damit, auch meinen Klienten diesbezüglich Ratschläge zu erteilen. Die Reaktion darauf war positiv. Die Angaben zu den Mondknoten in den Häusern machen die unterschiedlichen Möglichkeiten im Hinblick auf die verschiedenen Bereiche deutlich. Die in Opposition zueinander stehenden Mondknoten beeinflussen natürlich immer die zwei gegenüberliegenden Häuser, wobei es sein kann, daß sich der aufsteigende Mondknoten in einem Haus anders auswirkt als der absteigende. Der Einfachheit halber nehme ich im folgenden keine Unterscheidung zwischen dem aufsteigenden und dem absteigenden Mondknoten vor. Des weiteren behandele ich die Häuser nicht paarweise, sondern einzeln.

☊☋ 1

Mondknoten im 1. Haus: Du könntest jetzt den Eindruck haben, daß jeder auf dich blickt. Einige Menschen könnten dir nun Anerkennung, andere feindliche Gefühle entgegenbringen – beide Auswirkungen sind möglich. Wenn sich mit jemandem etwas Unangenehmes ergibt, suche nach einer anderen Person, die einen unterstützenden Einfluß auf dich hat.

☊☋ 2

Mondknoten im 2. Haus: Deine Mitmenschen könnten jetzt einen starken Einfluß auf deine Werte haben oder dir dabei helfen, dein Geld auszugeben. Suche dir Leute aus, durch die du mehr verdienen kannst.

Mondknoten im 3. Haus: Hüte dich nun davor, abhängig zu werden! Es könnte sein, daß deine Geschwister oder Nachbarn jetzt eine wichtigere Rolle in deinem Leben spielen.

Mondknoten im 4. Haus: Andere könnten dich nun bei dir zuhause beeinflussen. Möglicherweise hast du aber auch den Eindruck, daß alle Welt dich besuchen kommt. Lade die Menschen ein, mit deinen du gerne reden würdest. Vielleicht bleiben die anderen dann weg.

Mondknoten im 5. Haus: Jetzt könnten sich romantische Verwicklungen ergeben. Vielleicht rücken nun aber auch deine Kinder in den Blickpunkt. Als Vorsichtsmaßnahme solltest du darauf achtgeben, was deinen Kindern geschieht. Falls du eine Affäre suchst, mußt du dich in Situationen begeben, die Anknüpfungspunkte bieten.

Mondknoten im 6 Haus: Andere könnten dir jetzt Vorschriften machen, wie und wann du zu arbeiten hast. Organisiere deinen Tagesablauf und delegiere Aufgaben.

Mondknoten im 7. Haus: Vielleicht wirst du nun verfolgt, vielleicht heiratest du jetzt. Diese Zeit eignet sich gut dafür, Beziehungen zu beginnen oder zu intensivieren.

Mondknoten im 8. Haus: Irgend jemand könnte dir nun anbieten, seine Mittel mit dir zu teilen. Denkbar wäre auch, daß du jetzt sexuelle Offerten erhältst. In beiden Fällen müßtest du die Entscheidung treffen, wie weit du gehen willst.

Mondknoten im 9. Haus: Du könntest auf Reisen oder im Rahmen von bewußtseinserweiternden Studien Menschen treffen. Möglicherweise machst du nun die Bekanntschaft spirituell oder philosophisch ausgerichteter Persönlichkeiten. Pack' die Gelegenheit beim Schopfe und unternimm eine Reise oder beschäftige dich aktiv mit religiösen Dingen.

☊☋ 10 ***Mondknoten im 10. Haus:*** Es ist denkbar, daß sich für dich jetzt mehr berufliche Kontakte als zu anderen Zeiten ergeben oder daß dich jemand dazu bringt, die Rolle zu hinterfragen, die du in der Welt spielst. Versuche, in Kontakt mit Menschen zu kommen, die deine Karriere oder auch dein öffentliches Ansehen fördern können.

☊☋ 11 ***Mondknoten im 11. Haus:*** Du könntest ersucht werden, einer Gruppe beizutreten. Möglicherweise aber kommt es auch dazu, daß jemand starken Einfluß auf deine Hoffnungen und Erwartungen nimmt. Du könntest die Entscheidung treffen, die Organisationen, denen du vielleicht beitrittst, gründlich zu erforschen, oder die Gemeinschaft von Leuten zu suchen, die deine Hoffnungen und Wünsche fördern.

☊☋ 12 ***Mondknoten im 12. Haus:*** Vielleicht machst du jetzt die Entdeckung, daß du auf subtile Weise von anderen beeinflußt wirst – zum Guten oder zum Schlechten. Jemand könnte dich dazu bringen, tief in dich zu blicken. Eine gute Zeit, um deine Beziehungen zu analysieren.

Der alchimistische Umgang mit Mondknoten-Transiten

Die alchimistischen Rituale sind darauf gerichtet, Energien in uns umzuformen. Wenn es um die Mondknoten geht, die für Verbindungen stehen, erhebt sich die Frage, ob du andere Menschen auf die gleiche Weise beeinflussen kannst.

Nicht jeder wird dazu bereit sein, deinem «Drehbuch» zu folgen. Eine Technik, wie du andere erreichen könntest, besteht darin, dir eine Situation deutlich vor Augen zu führen. Erschaffe in deiner Vorstellung die Beziehung mit solchen Umständen, die dir angenehm wären. Es gibt noch eine Alternative dazu, die direkter ist. Achte auf das, was mit dem Mondknoten-Transit im Hinblick auf dein Horoskop verbunden ist: In welche Häuser die Knoten fallen und zu welchen Transit-Aspekten zum Geburtshoroskop es dabei kommt. Wenn du das getan hast, kannst du dich mit anderen auf eine Art und Weise auseinandersetzen, die auf die betroffenen Planeten, Punkte und Häuser abgestimmt ist. Wenn jemand anderes dein Gefühl für Verantwortung (Saturn), dein Bedürfnis nach Unabhängigkeit (Uranus), dein Bedürfnis nach Wachstum (Jupiter) oder was auch immer beeinflußt – warum solltest du dann nicht die Entscheidung darüber treffen, um welche Menschen es sich dabei handelt? Du könntest dir auch Gedanken dazu machen, welche Themen im Blickpunkt sein werden und daraufhin überlegen, welche Alternativen bestehen. Du kannst dich in deinem Sessel zurücklehnen und warten, was andere mit dir machen – es dürfte aber viel befriedigender sein, hier ein Wörtchen mitzureden. Anders ausgedrückt: Du solltest dich um Kontakte zu den richtigen Leuten bemühen und auf diese Weise Probleme zu vermeiden suchen. Auf jeden Fall aber mußt du darauf vorbereitet sein, daß jemand dich mit bestimmten Problemen konfrontiert.

Kapitel 9

Alles zusammenfügen

Bisher haben wir uns mit den Transit-Planeten und -Mondknoten im einzelnen beschäftigt. In der Realität aber kann kein Transit für sich allein betrachet werden. Die isolierte Betrachtung von Transiten führt dazu, daß vieles von dem, was geschieht, außer acht gelassen wird. Es könnte sein, daß du dich auf einen Planeten beschränkst und dabei nicht merkst, daß noch andere Faktoren des Horoskops gerade aktiviert sind. Um ein Beispiel zu nennen: Unter dem Saturn/Saturn-Quadrat könnte du so intensiv mit den Themen Organisation und Konzentration befaßt sein, daß dir die sich zur gleichen Zeit ereignenden Jupiter-Transite entgehen – welche dir nahelegen, daß du dich auch um persönliches Wachstum beziehungsweise um Expansion bemühen solltest. Es würde nun für dich darauf ankommen, einen Ausgleich zwischen diesen beiden Prinzipien zu finden. Wenn du dir einen Überblick über die Transite verschaffst, wirst du erkennen, welche Themen gerade aktuell sind. Auf diese Weise kannst du dir einen Plan machen, wie du am besten vorgehst.

Die Planeten- und Lebenszyklen

Die Planetenzyklen in Verbindung mit den verschiedenen Stadien des Erwachsenenlebens (wie sie zuvor ausführlich erläutert worden sind) erlauben eine gute Orientierung. Hierfür brauchst du nur das

Geburtsjahr – anhand dieser Information kannst du schon Aussagen darüber treffen, in welcher Phase sich die Person befindet. Wenn du dann auch nicht im einzelnen weißt, wie es um die aktuellen Lebensumstände bestellt ist, kannst du doch schon Näheres zu den Aufgaben und Erfahrungen sagen, die gemäß Levinsons *Die Stadien des menschlichen Lebens* mit diesem Alter verbunden sind. Beispielsweise informieren uns die Psychologen darüber, daß der Mensch, wenn er etwa 40 ist, nach mehr Freiheit strebt, was auch dann gilt, wenn er zuvor mit seinen Lebensumständen sehr zufrieden gewesen war. Astrologisch können wir hier den Zusammenhang mit der Uranus/Uranus-Opposition erkennen, die sich zu dieser Zeit ereignet. Du kannst nichts darüber aussagen, in welchem Lebensbereich sich das Bedürfnis nach Freiheit ergeben wird – es steht nur fest, daß es mit großer Wahrscheinlichkeit in dieser Phase ein wichtiger Bestandteil des Lebens ist.

Die verschiedenen Phasen wurden bereits behandelt, allerdings jeweils nur im Hinblick auf *einen* Planeten. Im folgenden findet sich ein kurzer Abriß zu diesen Stadien, in dem die innerzyklischen Aspekte von Jupiter, Saturn, Uranus und Neptun in ihrer Gesamtheit miteinander kombiniert werden. Dies kann den Hintergrund dessen erhellen, was ein Mensch gerade erlebt. Dies können wir dann als Ausgangsbasis benutzen, von der aus wir die Ereignisse im Detail untersuchen.

Übergang ins frühe Erwachsenenalter

Die erste Phase, auf die in *Die Stadien des menschlichen Lebens* eingegangen wird, ist der *Übergang ins frühe Erwachsenenalter* (17 - 22). Die erste Aufgabe dieser Zeit besteht darin, die Welt des Heranwachsenden hinter sich zu lassen, was bedeuten kann, daß sich jetzt das Ende von Beziehungen oder auch bestimmten Situationen ergibt, die ein Hindernis für das Erwachsenwerden darstellen. Dies kann im Zusammenhang mit dem Transit-Saturn im Quadrat zur Geburtsstellung gesehen werden, welches jeder Mensch in diesem Alter erlebt.

Die zweite Aufgabe ist die, die Initiative zu ergreifen, in die Welt der Erwachsenen einzutreten und zu untersuchen, welche Funktionen dort ausgefüllt werden könnten. Dies hat mit Uranus zu tun, und das erste Uranus/Uranus-Quadrat ergibt sich ebenfalls zu dieser Zeit.

Mit anderen Worten: Es kann sein, daß der Mensch zwischen 17 und 22 das Dilemma erlebt, zwischen Freiheit und Verantwortung entscheiden zu müssen. Auf der einen Seite besteht der Wunsch, sich von den alten Bindungen zu befreien, auf der anderen Seite gibt es das Bedürfnis, sich zu etablieren und ein Verantwortung tragender Erwachsener zu werden. Jeder Mensch, der in diesem Alter ist, trägt diesen Zwiespalt mit sich herum. Dies ist zwar zunächst eine eher allgemeine Information, die aber sogleich zu weiteren Erkenntnissen führt. Du kannst schnell feststellen, ob zur Zeit der Interpretation das Saturn/Saturn- oder das Uranus/Uranus-Quadrat exakt ist. Oftmals kommt es dazu, daß sie sich zur gleichen Zeit ergeben oder sich, zeitlich gesehen, zumindest überlappen. Wenn einer der Transit-Aspekte sich schon ergeben hat, aber noch einmal zustandekommen wird, ist das möglicherweise von großer Bedeutung (das gilt auch dann, wenn der Abstand mehr als ein Grad beträgt).

Sowohl Saturn als auch Uranus sind für Menschen dieser Altersgruppe sehr wichtig. Der junge Erwachsene muß zwischen ihnen eine Balance finden. Wenn ein Prinzip zu Lasten des anderen überbetont ist, kann das zu Problemen führen – zum Beispiel dann, wenn der Versuch unternommen wird, an etwas festzuhalten, was abgelegt werden muß (Saturn) oder jede Verantwortung zugunsten des Bedürfnisses nach Freiheit abgelehnt wird (Uranus). Wenn ein Ungleichgewicht besteht, kann die Erkenntnis darüber, was eigentlich das Thema ist, helfen. Vielleicht kann es auch hilfreich sein, die alchimistischen Rituale bezüglich des betreffenden Planeten anzuwenden. Wenn das saturnische Moment vernachlässigt wird, könntest du Listen machen, um Ordnung in die Dinge zu bekommen, Verantwortung übernehmen und dich für etwas verpflichten. Wenn es um Uranus geht, ist es vielleicht nützlich, auf Nebenbereichen Freiheit und Kreativität zu beweisen (um nicht alles in Gefahr zu bringen). Diese Maßnahmen können dir aufzeigen, was wirklich zu tun ist.

Jedes Stadium des Erwachsenenalters enthält zumindest einen der eher kritischen innerzyklischen Jupiter-Transit (Konjunktion, Quadrat oder Opposition). Oftmals sind es mehr. Jupiter bewegt sich sehr gleichmäßig, was zur Folge hat, daß sich diese Konstellationen etwa alle drei Jahre ergeben. Im *Übergang ins frühe Er-*

wachsenenalter ergibt sich die Jupiter/Jupiter-Opposition (ungefähr mit 18) sowie das Jupiter/Jupiter-Quadrat (etwa mit 21). Die jupiterhaften Themen Entwicklung und persönliches Wachstum bilden den Hintergrundcharakter dieses Zeitraums – die konkreten Aufgaben aber sind eher mit Saturn, Uranus und Neptun verknüpft. Die Jupiter-Funktion im Erwachsenenalter wird äußerlich am besten am Bild des Mentors oder Förderers deutlich, worauf wir bereits eingegangen sind.

Eintritt ins Erwachsenenalter

Die Phase, die *Eintritt ins Erwachsenenalter* genannt wird, beginnt etwa mit 22 – zu einer Zeit also, in der sich noch die innerzyklischen Quadrate von Saturn und Uranus auswirken (was sich bis zum Alter von 23 erstrecken kann). Insofern sind die Aufgaben, die mit ihr verbunden sind, zumindest am Anfang die gleichen wie beim vorangegangenen Zeitabschnitt. Zum Ende der Phase aber sollte der Übergang von der Welt des Heranwachsenden zu der der Erwachsenen vollzogen sein. Die Psychologen sagen, daß es zu einer unbefriedigenden Struktur des Lebens kommen kann, wenn Verpflichtungen eingegangen werden, ohne daß eine intensive Erforschung der Alternativen stattgefunden hat. Auf der anderen Seite ist keine stabile Lebensstruktur ohne die Übernahme von Pflichten möglich. Dies zeigt einmal mehr, wie wichtig ein ausgewogenes Verhältnis zwischen Verantwortung und Freiheit beziehungsweise zwischen Saturn und Uranus ist.

Andere innerzyklische Aspekte dieser Phase sind die Jupiter-Wiederkehr (mit etwa 24) und das Jupiter/Jupiter-Quadrat (mit etwa 27). Diese Transite können dazu benutzt werden, den Wechsel von der Familie zum eigenen Heim zu erleichtern; wenn dieser Schritt bereits vollzogen wurde, machen sie es vielleicht einfacher, die neue Lebensstruktur zu festigen. Möglicherweise wird nun die berufliche Karriere vorangetrieben, vielleicht werden neue berufliche Fertigkeiten entwickelt. Es ist auch denkbar, daß auf Reisen Wissen gesammelt wird. Weiterhin könnte es sein, daß die jupiterhafte Figur des Mentors oder Förderers auf den Plan tritt. Es ist möglich, daß sich der Mensch unter diesen Jupiter-Transiten unter Druck gesetzt fühlt – es ist aber darauf hinzuweisen, daß du auch dann, wenn jemand dich zu lenken versucht, die Wahl zwischen verschiedenen Entscheidungen hast. Mit 28 sollte die Lebensstruktur im Hinblick auf Beruf, Liebesbeziehungen, Freunde, Werte oder die Lebensart überhaupt Formen angenommen haben. Möglicherweise kommt diese Entwicklung gerade rechtzeitig für den *Übergang in das Alter um die 30.*

Übergang ins Alter um die 30

Der *Übergang in das Alter um die 30* vollzieht sich etwa von 28 bis 33. Gemäß den *Stadien des menschlichen Lebens* ist dies die Zeit, in der sich der Mensch mit den Beschränkungen der ersten Phase des Erwachsenenlebens auseinandersetzen muß. Es kommt nun in verschiedener Hinsicht zu Modifizierungen, die aber alle unmittelbar auf der Vergangenheit aufbauen. Im allgemeinen sind keine fundamentalen Veränderungen zu beobachten. Es handelt sich um eine Zeit der Reform, nicht der Revolution.

Astrologisch gesehen umfaßt diese Periode die Saturn-Wiederkehr (28 – 30), die Jupiter/Jupiter-Opposition (um 30 herum) und das Jupiter/Jupiter-Quadrat (gegen 33). Es kommt zu keinem innerzyklischen Uranus-Transit. Das bestätigt die Astrologen und die Psychologen, die für diese Zeit keine revolutionären Entwicklungen erwarten (wenn diese nicht durch andere Aspekte vom Transit-Uranus angezeigt sind). Diese Periode stellt die Brücke zwischen der Lebensstruktur der ersten 30 Jahre und der der folgenden dar. Es handelt sich hier um das Ende des Anfangs des Lebens und um den Beginn der zweiten Phase, welche vielleicht von neuen Pflichten und Verantwortlichkeiten gekennzeichnet ist. Die Veränderungen aber vollziehen sich im allgemeinen allmählich, und sie basieren auf dem, was der Mensch in der Vergangenheit erreicht hat. Vielleicht triffst du die Entscheidung, nur ganz wenige Änderungen vorzunehmen und deine Position zu festigen; möglicherweise gilt es nun, Umstimmigkeiten auszuräumen. Auch die Menschen, die sich noch nie zur Übernahme von Verantwortung verpflichtet gefühlt haben, empfinden jetzt im allgemeinen das Bedürfnis dazu. Dieser Übergang scheint für manche leichter als für andere zu sein, und vielleicht kann es dir helfen, wenn du dir der alchimistischen Rituale für Saturn und Jupiter bewußt bist.

Die Phase des *Sich-Etablierens* erstreckt sich vom Ende des *Übergangs in das Alter um die 30* (gegen 33) bis ungefähr 40. In diesem Zeitraum hat der Mensch das Bedürfnis, sich in der Gesellschaft zu behaupten und in den Lebensbereichen, die ihm wichtig sind, Erfolge zu erzielen – ob es sich dabei um den Beruf, die Familie, die Gesellschaft oder worum auch immer handelt. Es besteht der Wunsch, sich sowohl innerlich mit der eigenen Leistung zu identifizieren als auch auf der äußerlichen Ebene anerkannt zu werden.

Mit dem immer stärkeren Eingebundensein in deine Position kann der Wunsch einhergehen, vollständig die Verantwortung für dein Leben zu übernehmen. Dies ergibt sich im allgemeinen in der Unter-Phase *Sein-eigener-Herr-Werden.* Diese erstreckt sich etwa von 36 bis 40, bis zum Ende der Phase des *Sich-Etablierens.* Es besteht das Bedürfnis, sich vom Einfluß der Förderer zu befreien (die dritte Jupiter-Wiederkehr ereignet sich im Alter von etwa 36, und mit 39 kommt es zu einem Jupiter/Jupiter-Quadrat) – aus dem Grund, daß es sonst nicht möglich ist, selbst zu einer Autoritätsperson zu werden (zwischen 35 und 38 kommt es zu einem Saturn/Saturn-Quadrat). Das Bedürfnis, sich von früheren Abhängigkeiten zu befreien – wie es zum Beispiel auch die Loslösung vom Mentor beschreibt –, kann sowohl mit der Uranus/Uranus-Opposition (zwischen 39 und 43 Jahren) als auch mit Jupiter-Transiten in Verbindung gebracht werden. Die Uranus/Uranus-Opposition spielt auch noch in der nächsten Periode eine wichtige Rolle. Wir können sie vielleicht als Impuls für die nächste Übergangs-Periode auffassen.

Übergang ins mittlere Erwachsenenalter

Der *Übergang ins mittlere Erwachsenenalter* findet – gemäß der *Stadien des menschlichen Lebens* – zwischen 40 und 45 statt. Aus astrologischer Sicht sollten wir ihn vielleicht auf 39 bis 46 Jahre ausweiten. In diesem Fall würde er die Uranus/Uranus-Opposition (39 – 43), das Neptun/Neptun-Quadrat (welches sich ebenfalls zwischen 39 und 43 ereignen kann) und die Saturn/Saturn-Opposition (43 – 46) umfassen. Natürlich sind auch Jupiter-Transite vorhanden – die Aufgaben, die mit dieser Periode verbunden sind, können aber am besten mit den Symbolismen von Uranus, Neptun und Saturn beschrieben werden.

Der *Übergang ins mittlere Erwachsenenalter* hat immer etwas mit Veränderungen zu tun. Diese spielen sich manchmal auf drastische, manchmal auf subtile Weise ab. Veränderungen hängen zunächst einmal mit Uranus zusammen - zumindest dann, wenn es um augenfällige Vorkommnisse wie zum Beispiel eine Scheidung, eine neue Arbeit oder einen Umzug geht. Aber auch in dem Fall, daß die Veränderungen nicht so deutlich sind, *werden wir, wenn wir genauer hinsehen, erkennen, daß etwas anders wird, was einen beträchtlichen Unterschied bedeutet. Ein Mann kann, obgleich er die Ehe aufrechterhält, doch eine vollständig andere Einstellung zu seiner Familie gewonnen haben. Vielleicht kommt es aber auch während des Übergangs ins mittlere Erwachsenenalter hinsichtlich der Arbeit in wichtigen Punkten zu tiefgreifenden Veränderungen* (S. 61).

Mit Uranus-Perioden ist oftmals verbunden, daß du dich rastlos fühlst, nach Freiheit strebst sowie deine Individualität zum Ausdruck bringen willst. In dieser Phase treten einige der Gefühle wieder auf, die schon beim *Übergang ins frühe Erwachsenenalter* sowie dem *Eintritt ins Erwachsenenalter* (welche mit dem Uranus/Uranus-Quadrat zusammenfallen) zu beobachten gewesen waren. Wie dem auch sein mag – bei der Realisierung der gewünschten Veränderungen könnten sich nun wesentlich mehr Schwierigkeiten ergeben als zu der Zeit um die 20. Zu jener Zeit warst du damit beschäftigt, dir deinen Platz im Leben zu suchen, und du hast möglicherweise den gesellschaftlich gebilligten Schritt vollzogen, dich von deiner Familie zu lösen. Hierbei handelt es sich um einen Bestandteil des Erwachsenwerdens. Im Alter von 39 aber – wenn sich die Uranus/Uranus-Opposition auszuwirken beginnt – ist der Mensch im allgemeinen in der Welt fest etabliert, und Veränderungen werden nun von den anderen oftmals als Zeichen der Schwäche ausgelegt. Es wird in den meisten Fällen nicht akzeptiert – geschweige denn gutgeheißen –, wenn der Mensch seinen Arbeitsplatz oder seine Ehe aufgibt. Derjenige, der diesen Transit erlebt, stellt sich vielleicht selbst die Frage, was es eigentlich ist, daß ihn so unzufrieden macht. Es geht hier aber nicht nur darum, daß die Umwelt nun auf eine andere Art und Weise reagiert. Wir haben es in astrologischer Hinsicht nun mit einem anderen Aspekt zu tun: einer Opposition statt einem Quadrat. Mit dem Quadrat sind wir gefordert, uns mit Hindernissen auseinanderzusetzen, was dazu führt, daß wir Fortschritte machen. Wir sind dabei nicht dazu gezwungen, uns mit der Vergangenheit zu beschäftigen. Mit der Opposition besteht im Gegensatz dazu die Notwendigkeit, zwischen den Umständen, die die Gegenwart prägen, und den Erwartungen für die Zukunft ein ausgewogenes Verhältnis herzustellen.

Oftmals kommt es unter Uranus-Transiten dazu, daß überfällige Veränderungen vorgenommen werden. Allerdings ist auch eine andere Auswirkung möglich: Aufgrund der uranischen Sprunghaftigkeit kann es sein, daß Entschlüsse überstürzt gefaßt und später bereut werden. In dieser Zeit können die uranischen Rituale sich als sehr nützlich erweisen. Sie können dir dabei helfen, das Gleichgewicht zu bewahren, während du darüber nachdenkst, welche Veränderungen du vielleicht vornehmen mußt. Wie bereits in dem Uranus-Kapitel angemerkt, solltest du dich vergewissern, daß die neuen Wege auch wirklich gangbar sind, bevor du die Brücken hinter dir abreißt.

Dies gilt auch hinsichtlich des Neptun/Neptun-Quadrats, das sich zur gleichen Zeit ergeben kann. Im allgemeinen kommt es kurz nach der Uranus/Uranus-Opposition zu diesem Quadrat – für manche Jahrgänge ereignen sich diese Transite gleichzeitig. Wenn der Neptun-Transit mit der Uranus-Opposition zusammenfällt oder unmittelbar auf sie folgt, ist die Phase des *Übergangs ins mittlere Erwachsenenalter* von Ungewißheit und Unsicherheit geprägt – zumindest von außen her betrachtet. Eine der neptunischen Aufgaben dieser Zeit besteht aber darin, sich über das Materielle zu erheben und den Kontakt zur eigenen Spiritualität herzustellen. Wenn du unter dem Eindruck der unklaren neptunischen Qualitäten stehst, kannst du mithilfe der Transite des Saturn zu innerlicher Ausgeglichenheit kommen.

Die Untersuchung sowie das Verschmelzen deiner inneren Polaritäten sind möglicherweise schwierig durchzuführen – es handelt sich dabei aber um lohnende Tätigkeiten. Wenn du für gewöhnlich die maskuline oder vielleicht auch die intellektuelle Seite deines Wesens zum Ausdruck gebracht hast, kann es problematisch für dich sein, dir deine fürsorglicheren oder praktischeren Züge einzugestehen. Hat aber der innerliche Prozeß der Verschmelzung der Polaritäten eingesetzt, bekommst du die Chance, dich freier und ganzheitlicher zu fühlen. Dies gilt für alle Polaritäten, die im Neptun-Kapitel vorgestellt worden sind. Lasse diese Verschmelzung nicht nur zu, sondern unterstütze diesen Prozeß nach Kräften! Die alchimistischen Rituale, die dabei insbesondere von Nutzen sein können, sind die der Meditation und der Visualisierung.*

Die Polarität von Verbundenheit und Isolierung verdient hier besondere Erwähnung, weil sie es ist, die dem Menschen in dieser Phase oftmals die Gefühle von Unzufriedenheit oder von Gescheitertsein beschert. Du hattest vielleicht früher den Wunsch, der Welt deinen Stempel aufzudrücken und wolltest etwas schaffen, was über dich hinaus Bestand hat und mußt jetzt die Feststellung machen, daß dir materieller Erfolg und äußerliche Anerkennung kaum noch etwas bedeuten. Das Syndrom der Desillusionierung ist Bestandteil des Prozesses. Möglicherweise hast du das Gefühl, daß der materielle Erfolg doch nicht das ist, was du eigentlich willst, und vielleicht ist er für dein Lebensschema in seiner Gesamtheit vollständig unwichtig. Es muß betont werden, daß in dieser Zeit die Faktoren «aufgelöst» werden müssen, die die Weiterentwicklung behindern. Du sollst jetzt nicht das, was gewesen ist, ablehnen – es geht nur darum, dich weiterzuentwickeln. Wenn du dich nicht auf die Vergangenheit fixierst, sondern die Notwendigkeit dieser Auflösung anerkennst, wirst du Fortschritte erzielen.

Nachdem du dich mit der Uranus/Uranus-Opposition und dem Neptun/Neptun-Quadrat auseinandergesetzt hast, kommt die innerzyklische Saturn-Opposition zum Tragen (mit etwa 43 bis 46 Jahren). Im Idealfall bedeutet dies: Nachdem du Dinge erforscht hast und sich Veränderungen bezüglich neuer Richtungen ergeben haben (Uranus) und nachdem du Negatives aufgelöst und dir neue spirituelle Ziele gesetzt hast (Neptun), mußt du nun deine Aufmerksamkeit darauf richten, deine Situation zu stabilisieren und neu zu bewerten (Saturn). Ob du dich nun auf eine positive Weise mit den uranischen und neptunischen Aufgaben auseinandergesetzt hast oder nicht – jetzt, unter der innerzyklischen Saturn-Opposition, rücken Saturn-Aufgaben in den Blickpunkt. Vielleicht geht es nun nur darum, Ordnung in dein Leben zu bringen. Wenn du den Uranus- und den Neptun-Transit nicht konstruktiv genutzt hast, wirst du mit deiner Lebensstruktur unzufrieden sein. Trifft dies bei dir zu, solltest du dich noch einmal damit beschäftigen, welche Uranus-

* Zur Technik der Visualisierung finden sich viele interessante Anregungen in dem Buch von Karen M. Hamaker-Zondag: *Das 12. Haus. Die verborgene Kraft in unserem Horoskop*. Erschienen 1992 im Verlag Hier & Jetzt, Hamburg.

und welche Neptun-Themen in Erscheinung getreten waren, und dir die Frage stellen, was du noch klären mußt. Weitere Hinweise können wir vielleicht den anderen Uranus- oder Neptun-Transiten entnehmen. Wenn zum Beispiel der Transit-Neptun deine Geburts-Sonne aspektiert hat, könnten noch immer einige Ego-Probleme der spirituellen Weiterentwicklung im Wege stehen. Hast du hier Klarheit gewonnen, kannst du den entsprechenden Teil deines Wesens in den Blick nehmen und an der Verbesserung der Situation arbeiten.

Saturn repräsentiert die Vergangenheit – wenn es zur Saturn/Saturn-Opposition kommt, werden die Veränderungen, die sich ergeben, auf Erfahrungen der Vergangenheit beruhen. Saturn legt nahe, daß die augenblickliche Situation gründlich untersucht werden muß. Die Veränderungen, die mit den Transiten von Uranus und von Neptun einhergegangen sind, sollten nun eingehend analysiert und entweder zum festen Bestandteil der Lebensstruktur gemacht oder zurückgenommen werden. Wenn der *Übergang ins mittlere Erwachsenenalter* auf eine konstruktive Weise durchgeführt worden war, wird es nicht schwierig sein, die neue Struktur auszubilden. Sind aber die Themen Freiheit (Uranus) und Spiritualität (Neptun) nicht genügend berücksichtigt worden, könnten sich Gefühle der Beschränkung einstellen, und vielleicht ist es überaus schwierig, hier Abhilfe zu schaffen. Wie dem auch sein mag – die Saturn/Saturn-Opposition ist eine Zeit, in der wir unsere Position stärken und ausbauen können.

Es ist aber nicht notwendig, daß wir auf innerzyklische Aspekte der äußeren Planeten warten, um Änderungen vorzunehmen. Was ich beschrieben habe, sind Muster, die oftmals mit bestimmten Altersstufen verbunden sind. Veränderungen können sich zu *jeder* Zeit ergeben. Die Bewegung der Planeten sowie deren Aktivierung im Horoskop symbolisieren immer neue Gelegenheiten, unsere Position auszubauen. Manchmal werden wir die Chancen bestmöglich nutzen, manchmal werden wir zu rasch handeln und ein anderes Mal wiederum dauert es vielleicht zu lange, bis wir reagieren. Je größer unser Wissen um die Wahlmöglichkeiten – dargestellt durch die Transite der Planeten – ist, desto wahrscheinlicher können wir uns in die gewünschte Richtung entwickeln.

Die beschriebenen Stadien führen bis zu dem Alter von 46 Jahren. Vielleicht hast du den Wunsch, die Symbolismen von Jupiter,

Saturn, Uranus und Neptun darüber hinaus fortzusetzen. Du könntest dies tun, indem du untersuchst, was sich zuvor bei den innerzyklischen Transiten ereignet hat. Du solltest aufschreiben, was das Thema des Transits gewesen war und dies auf die spätere Periode übertragen. Es wird zu keinen genauen Wiederholungen kommen, und du mußt dir darüber im klaren sein, daß es außerordentlich wichtig ist, um was für einen Aspekt es sich handelt – im Uranus-Zyklus zum Beispiel wirkt sich, wie oben angeführt, das Quadrat trotz gewisser Gemeinsamkeiten anders aus als die Opposition.

Wenn sich der gleiche Aspekt wiederholt – wie zum Beispiel die Saturn-Wiederkehr (die erste im Alter von 28 – 30, die nächste mit etwa 58) –, kommt es im Hinblick auf die Einstellung und Erfahrungen zu verblüffenden Ähnlichkeiten. Dies gilt ungeachtet der Tatsache, daß die Lebenssituation eine vollständig andere sein kann. Bei der zweiten Wiederkehr beginnen die Leute abermals darüber zu reden, was sie tun werden, wenn sie älter sind. In den letzten Monaten haben mich verschiedene Klienten, die unter dem Einfluß der zweiten Saturn-Wiederkehr standen, darüber informiert, daß sie sich mit dem Gedanken an ein vorzeitiges Aufgeben der Stellung trugen, um sich noch mit etwas anderem zu beschäftigen. Andere machten sich intensiv Gedanken hinsichtlich ihrer Ehe, ihrer Kinder oder des Zuhauses – auf eine ähnliche Art und Weise, wie sie es zur Zeit der ersten Wiederkehr taten.

Die Transit-Planeten und -Mondknoten in den Häusern

Ein anderer Weg, sich einen Überblick über die Transite eines bestimmten Zeitraumes zu verschaffen, besteht darin, die Transit-Planeten und -Mondknoten in das Geburtshoroskop einzuzeichnen. Wenn du siehst, welche Häuser vom Transit betroffen sind, weißt du, in welchen Bereichen du die entsprechenden Themen gemäß deiner Lebenssituation zum Ausdruck bringen kannst. Bei dieser Methode kannst du dich sowohl auf die inneren als auch auf die äußeren Planeten beziehen. Die inneren Planeten stehen dabei für die direkte Aktion, die äußeren haben mehr mit der langfristigen Planung zu tun. Wie bereits erwähnt, nutzt es nichts, sich jeden Tag mit dem Thema beziehungsweise dem einen Lebensbereich zu beschäftigen, der vom Transit eines äußeren Planeten betroffen ist – du würdest doch nur wenig erreichen, weil dir dann der Blick für das Bild in seiner Gesamtheit fehlt.

Die Auswirkung des Transits der Mondknoten und der äußeren Planeten durch die Häuser ist bereits in den vorhergehenden Kapiteln beschrieben worden. Das folgende stellt eine Zusammenfassung davon dar, ergänzt im Hinblick auf die inneren Planeten. Die Zeit, die für den Transit notwendig ist, variiert gemäß der Größe des Hauses, und sie hängt natürlich auch davon ab, ob es zur Rückläufigkeit kommt oder nicht. Die Spanne, die angegeben wird, basiert auf einer Hausgröße von 30 Grad – sie stellt nur einen Annäherungswert dar. Wenn ein Planet oder einer der Mondknoten in ein Haus läuft, wirst du den Wunsch haben, die damit einhergehende Energie zum Ausdruck zu bringen.

☊☋➤ ***Die Mondknoten*** *brauchen etwa ein Jahr und acht Monate, um durch ein Haus zu laufen.* Die Tatsache, daß sich die beiden Knoten gegenüberstehen, bedeutet, daß immer zwei Häuser aktiviert sind. Dies gibt dir die Information, daß die Beziehungen zu anderen im Hinblick auf die einander gegenüberliegenden Häusern zu dieser Zeit besonders wichtig sind. Mit dem Eintritt der Mondknoten in zwei neue Häuser verspürst du vielleicht das Bedürfnis, hinsichtlich des einen Bereichs – oder auch beider – neue Kontakte zu knüpfen. Wenn zum Beispiel das 2. und das 8. Haus betroffen sind, könntest du die Bekanntschaft eines Menschen machen, der dir hilft, dein Einkommen zu steigern (2. Haus), oder jemandem eine finanzielle Partnerschaft anbieten (8. Haus). Denkbar wäre auch, daß es zu beidem kommt. Wenn du dich bei diesem Transit nicht dafür entscheidest, finanziell mit anderen zusammenzuarbeiten, solltest du zumindest sensibel sein für die Gelegenheiten, die sich für dich durch den Einfluß anderer ergeben.

♇➤ ***Pluto*** *ist im allgemeinen für mindestens zwölf Jahre in einem Haus.* Du solltest dir darüber im klaren sein, daß während dieser Zeit die Themen Macht, Analyse und

Transformation im Hinblick auf den betreffenden Lebensbereich im Vordergrund stehen. Es kann dir bei dem Prozeß der Transformation helfen, wenn du dich beim Eintritt Plutos in ein neues Haus bewußt für eine passende Aktivität entscheidest. Wenn du dich zum Beispiel mit dem Gedanken trägst zu heiraten, könntest du das Datum so auswählen, daß es – wenn möglich – mit dem Eintritt Plutos in das 7. Haus zusammenfällt. Wenn du hier keine Ideen hast, solltest du dir vor Augen führen, daß in den folgenden zwölf – oder mehr – Jahren deine Beziehungen zu anderen tiefgreifend transformiert werden. Analysiere die Themen, die sich im Hinblick auf die Partnerschaften ergeben, und sei dir bewußt, daß Macht nun zu einem Problempunkt werden kann. Sei aber nicht passiv und erlaube es nicht, daß sich Gefühle des Ärgers oder der Wut gegenüber den Menschen aufstauen, die dir nahestehen. Dies könnte sonst zu gewaltigen Explosionen führen.

♆➤ ***Neptun** steht im Transit für etwa vierzehn Jahre in einem Haus*. Während dieser Zeit solltest du nach Weiterentwicklung in dem entsprechenden Lebensbereich streben. Wenn Neptun in ein Haus kommt, könntest du den bewußten Versuch unternehmen, spirituell, künstlerisch oder gemeinnützig tätig zu werden oder dich gemäß dem angesprochenen Symbolismus über das Materielle erheben – in welcher Form auch immer. Wenn der Transit das 5. Haus betrifft, könntest du dich dafür entscheiden, deine Kinder weniger stark zu beeinflussen, was insbesondere dann gilt, wenn du ihnen gegenüber zuvor zu dominierend oder beschützend gewesen bist. Ebenfalls möglich wäre, daß du jetzt künstlerisch tätig wirst. Wenn neptunische Motive wie Verwirrung und Betrug im Hinblick auf den betroffenen Lebensbereich zum Vorschein kommen, solltest du diese sehr aufmerksam analysieren. Du solltest dich dann entweder über sie erheben oder sie aufzulösen versuchen. Auf diese Weise könntest du den Nebel vertreiben, der sich in den Bereichen zu zeigen pflegt, die von dem Transit betroffen ist.

♅➤ ***Uranus** ist für etwa sieben Jahre in einem Haus.* Möglicherweise kommt es in dieser Phase zu einigen sehr auffälligen Änderungen hinsichtlich des betreffenden Lebensbereichs. Während plutonische Veränderungen zum Beispiel häufig eher subtil oder von innerlicher Art sind, gibt es bei Uranus im allgemeinen deutlich sichtbare Auswirkungen. Mit dem Eintritt Uranus in das 6. Haus zum Beispiel verspürst du möglicherweise den Wunsch, deinen Tagesablauf zu verändern – vielleicht, um deiner Kreativität mehr Raum zu geben. Wenn du dich gegen Veränderungen entscheidest, solltest du aber wenigstens um Flexibilität bemüht sein. Du machst nun möglicherweise von Zeit zu Zeit die Erfahrung, daß du von der Erfüllung deiner Aufgaben immer wieder abgelenkt wirst. Vielleicht fühlst du dich aber auch gelangweilt und änderst deinen Tagesablauf, ohne dazu von anderen gezwungen zu sein. Welches Haus es auch ist, das Uranus gerade durchläuft – halte die Augen offen und bemühe dich darum, so spontan wie möglich zu handeln!

♄➤ ***Saturn** bleibt beim Lauf um das Horoskop für durchschnittlich zweieinhalb Jahre in einem Haus.* Du hast während dieser Zeit die Wahl zwischen Gefühlen der Frustration und Begrenzung auf der einen und dem Setzen von Zielen und der harten Arbeit auf der anderen Seite. Es kann sein, daß du dich sowohl mit positiven als auch mit negativen Auswirkungen auseinandersetzen mußt. Mit Ausdauer und einem überlegten Vorgehen aber sind Erfolge möglich. Wenn Saturn in dein 1. Haus kommt, erheben sich vielleicht Gefühle von Depression und Selbstkritik. Die Bedeutung dieses Transits liegt darin, dich selbst zu verbessern. Ziehe Bilanz, wer du wirklich bist, stelle einen Plan auf, wie du an deiner Verbesserung arbeiten kannst, und werde langsam, aber bestimmt tätig! Wenn du Übergewicht hast, könntest du dich nun einer Diät unterziehen. Wenn du das tust, wirst du keine schnellen Resultate sehen, auf lange Sicht aber erfolgreich sein. Eine Blitzdiät wird nicht diese Auswirkung für dich haben. Du solltest dich nun – unabhängig davon, welches Haus vom

Saturn-Transit betroffen ist –, um größtmögliche Geduld bemühen. Der Fortschritt wird sich vielleicht im Schneckentempo einstellen – zumindest aber ist es nun für dich möglich, daß es zu Fortschritten kommt.

♃➤ ***Jupiter** steht bei seinem Transit durchschnittlich für ein Jahr in einem Horoskop-Haus.* In diesem Zeitraum hast du die Möglichkeit, auf dem betreffenden Gebiet zu wachsen und dich weiterzuentwickeln. Wenn Jupiter in dein 2. Haus läuft, bist du vielleicht mit Plänen beschäftigt, wie du zu mehr Geld kommen könntest. Du könntest während dieser Periode auch den Eindruck erhalten, daß sich dein Konto ohne besondere Anstrengungen deinerseits füllt. Du solltest aber achtgeben, dich nicht finanziell zu verausgaben. Um welches Haus es sich auch handelt – wichtig ist, daß du in dem betreffenden Bereich um die Ausweitung deines Horizontes bemüht bist, ohne aber zuviel zu machen.

♂➤ ***Mars** braucht im Transit etwa zwei Monate, um durch ein Horoskop-Haus zu laufen* – viel weniger Zeit, als es bei den bisher besprochenen Planeten der Fall war. Bei den anderen äußeren Planeten ist deshalb auch nach dem Transit deutlich erkennbar, welche Auswirkungen sich ergeben haben. Von Zeit zu Zeit kommt es bei *allen* Transiten zu Situationen, die dem betreffenden Planeten und dem Transit-Haus in augenfälliger Weise entsprechen – bei einer Zeitspanne von einem oder auch vierzehn Jahren aber ist es schwierig, alle Situationen eindeutig zuzuordnen. Wenn du das versuchst, erkennst du vielleicht den Wald vor lauter Bäumen nicht. Was Mars betrifft, haben wir es mit einem Zeitraum zu tun, der überschaubar ist. Es kommt hier schneller zu Resultaten. Wenn Mars in ein Haus läuft, kannst du die Initiative ergreifen oder aber viel Selbstbewußtsein im Hinblick auf den betreffenden Lebensbereich an den Tag legen. Du wirst den Erfolg deiner Aktionen beurteilen können, sobald Mars in das nächste Haus gelaufen ist. Zum Beispiel könntest du dich intensiv mit deinem Unbewußten auseinandersetzen, wenn

Mars in das 12. Haus läuft, und in dem Moment, in dem er in das 1. kommt, die Erkenntnisse äußerlich nutzbringend anwenden.

♀☿ ☉ ➤ ***Venus, Merkur und Sonne*** *im Transit sind schwer für sich allein zu betrachten*, aus dem Grunde, daß sie einander so nahe sind und sich häufig im gleichen Haus aufhalten. Die zeitliche Dauer dieser Transite erstreckt sich ungefähr über einen Monat. Diese Transite bedeuten, für sich allein betrachtet, nur selten markante Vorfälle – sie sollten in dem übergeordneten Schema der Transite der äußeren Planeten analysiert werden. Um es wieder an einem Beispiel darzustellen: Wenn Saturn in dein 10. Haus kommt, könntest du hart zu arbeiten beginnen, um es zu einer Beförderung zu bringen. Du hast zweieinhalb Jahre Zeit, dein Ziel zu erreichen – und du könntest dann, wenn Venus, Merkur und/oder die Sonne ebenfalls in diesen Bereich des Horoskops kommen (was sie jedes Jahr tun), besondere Aktivitäten hinsichtlich deiner Ziele unternehmen. Wenn es sich um die *Venus* handelt, könntest du versuchen, mit deinem Chef zusammenzukommen und deinen Charme spielen lassen. Mit *Merkur* ist es vielleicht hilfreich, deine brillianten Ideen zu verbreiten oder den Kontakt zu einflußreichen Leuten zu suchen. Mit der *Sonne* könnte es darum gehen, anderen deine Präsenz und Vitalität vor Augen zu führen.

☽➤ ***Der Mond*** *läuft in etwa 29 Tagen um das Horoskop,* was heißt, daß er durchschnittlich zweieinhalb Tage in einem Haus steht. Seine Bewegung ist zu schnell, als daß wir ihm ständig Aufmerksamkeit schenken könnten. Der Mond bedeutet Emotionalität und Wandlung, und du machst vielleicht die Erfahrung, daß du hinsichtlich des Lebensbereiches, der vom Mond-Transit betroffen ist, über mehr Sensibilität verfügst als sonst. Möglicherweise sind aber auch die Dinge, die mit diesem Bereich zusammenhängen, von Fluktuation und Unbeständigkeit gekennzeichnet. Wir können den Mond aber auch als Auslöser ansehen und die Zeit, zu der er in ein Haus kommt, dafür aussuchen, in bestimmter Hinsicht aktiv zu werden. Wie schon bei der Venus, dem Merkur und der Sonne ist es am effektivsten, wenn du den Lauf in Verbindung mit den Transiten der äußeren Planeten betrachtest.

Zur Umgehensweise mit Transiten

Wir haben bislang in diesem Kapitel das Thema Transite auf eher allgemeine Art und Weise diskutiert. Nun ist es an der Zeit, sie auf die Person zu übertragen. Ein und derselbe Transit kann für zwei Menschen völlig andere Auswirkungen haben – aus dem Grund, daß ihre Charaktere und ihre Persönlichkeiten verschieden sind. Du mußt, um den größtmöglichen Nutzen aus Transiten ziehen zu können, einiges über das Individuum wissen – gemäß dem, was im Horoskop angezeigt ist. Es geht darum, ein Verständnis des Geborenen zu erwerben und sich darüber klarzuwerden, auf welche Weise du ihn erreichen kannst.

Eine Vorgehensweise besteht darin, auf die Zeichen, Elemente und Qualitäten des Horoskops zu schauen. Die Zeichen können dabei auf die nachfolgende Art und Weise näher beschrieben werden:

1. Das Zeichen der Sonne.
2. Das Zeichen des Mondes.
3. Das Zeichen des Aszendenten.
4. Neben dem Aszendenten-Zeichen: Ein weiteres Zeichen im 1. Haus (weil es sich hier um das Haus der Persönlichkeit handelt).
5. Das Zeichen des MC.
6. Das Zeichen (oder auch Haus), das durch ein Stellium betont ist.
7. Ein stark betontes Zeichen (anhand der Besetzung eines *Zeichens*).
8. Ein stark betontes Zeichen (anhand der Besetzung eines *Hauses*).

Die Punkte 1 bis 5 dürften sogleich verständlich sein. Was die Punkte 6, 7 und 8 angeht, sind vielleicht einige erklärende Bemerkungen angebracht. Ein Beispielhoroskop und dessen Analyse soll die Herangehensweise verdeutlichen.

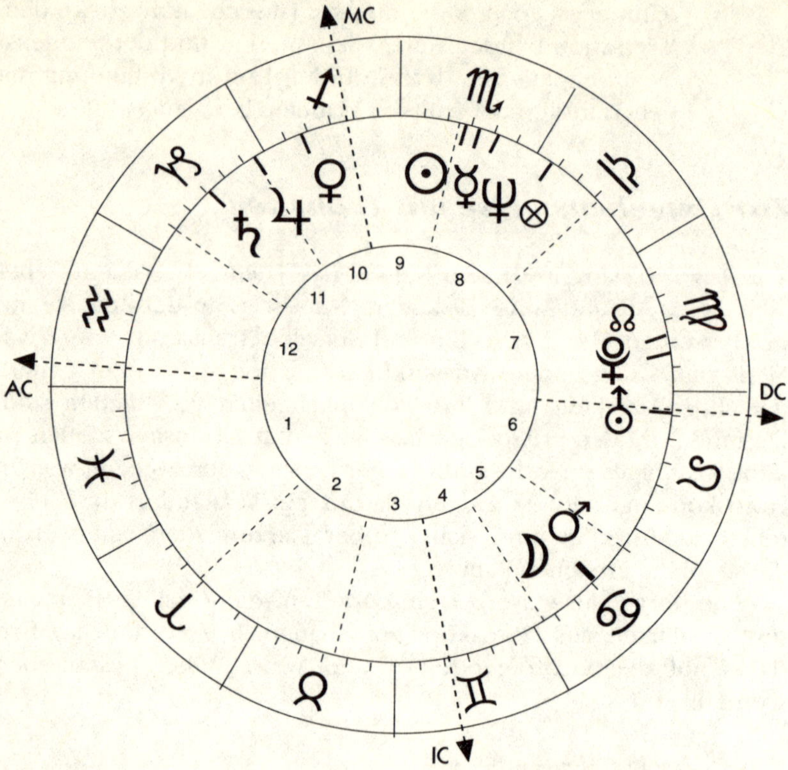

☉	16° 51′	♏	♂	17° 42′	♋	♆	09° 09′	♏	☊	12° 10′	♍
☽	15° 55′	♋	♃	02° 29′	♑	♇	07° 53′	♍	⊗	26° 07′	♎
☿	13° 52′	♏	♄	14° 06′	♑	AC	26° 33′	♒			
♀	21° 59′	♐	⛢	25° 34′	♌	MC	11° 20′	♐			

1. Die ***Sonne*** steht im Zeichen Skorpion.

2. Der ***Mond*** steht im Zeichen Krebs.

3. Der ***Aszendent*** befindet sich im Zeichen Wassermann.

4. ***MC*** im Zeichen Schütze.

ARBEITSBOGEN

NAME: ....

SONNE: ♏ MOND: ♋

AC: ♒ MC: ♐

ZEICHEN IM 1.HAUS
(außer Asz.): ♓ ♈

STELLIEN: ♏ (8. Haus)

ELEMENTE (Zeichenbesetzung)

Feuer: ⛢ MC ♀ Erde: ♇ ♃ ♄

Luft: AC ⊗ Wasser: ☽ ♂ ♆ ☿ ☉

QUALITÄTEN (Zeichenbesetzung)

Kardinal: ☽ ♂ ♃ ♄

Fix: ⛢ ♆ ☿ ☉ AC

Veränderlich: ♇ MC ♀

Betontes Zeichen: ♏

ELEMENTE (Häuserbesetzung)

Feuer: ☽ ♂ Erde: ⛢ ♆

Luft: ♇ ♃ ♄ Wasser: ♆ ☿ ☉

QUALITÄTEN (Häuserbesetzung)

Kardinal: ♇ ♀

Fix: ☽ ♂ ♆ ☿ ☉ ♃ ♄

Veränderlich: ⛢

Betontes Zeichen: ♏, ♒

ANALYSE DER ZEICHEN gemäß Element und Qualität (elf Nennungen)

Zeichen: 5♏, 2♒, 1♋, 1♐, 1♓, 1♈

Feuer:	2	Kardinal:	2
Erde:	0	Fix:	7
Luft:	2	Veränderlich:	2
Wasser:	7		

5. ***Zeichen im 1. Haus*** (neben Aszendenten-Zeichen): Das ganze Zeichen Fische und 14 Grad vom Zeichen Widder.

6. Ein ***Stellium*** befindet sich im Zeichen Skorpion und im 8. Haus. Ein Stellium ist dann gegeben, wenn drei oder mehr Planeten im gleichen Zeichen oder Haus stehen. Ein Stellium in einem Haus reflektiert etwas von dem Zeichen, das diesem Haus im Tierkreis entspricht, womit es eine entsprechende hintergründige Tönung annimmt. In unserem Beispiel befindet sich das Stellium nicht nur im Zeichen Skorpion, sondern auch in dem Haus, das diesem zugeordnet wird (nämlich dem 8.), wodurch dieses Zeichen doppelt betont ist. Wenn das Stellium im 7. Haus gestanden hätte, wäre es sowohl als Skorpion- als auch als Waage-Stellium anzusehen gewesen. In diesem Falle wären die Skorpion-Eigenschaften durch waagehafte Züge modifiziert worden. Wenn das Stellium einen Planeten im Zeichen Waage und zwei im Skorpion umfaßt und im 8. Haus gestanden hätte, wäre es nur im Hinblick auf das Haus als Skorpion-Stellium aufzufassen gewesen – wir hätten es aber nicht vom Zeichen her als solches beschreiben dürfen. So ist es also möglich, daß sich ein Stellium nur hinsichtlich eines Zeichens oder eines Hauses ergibt (es kann aber auch, wie in unserem Beispiel, beides zutreffen). Die Planeten müssen im übrigen nicht in Konjunktion zueinander stehen – es reicht, wenn sie sich im gleichen Zeichen oder Haus befinden.

7. Ein ***stark betontes Zeichen*** (anhand der Besetzung eines *Zeichens*). Hier werden die Planeten, das MC und der Aszendent gemäß den Elementen und Qualitäten erfaßt. Dann wird festgestellt, welches Element und welche Qualität die meisten Nennungen auf sich vereinigt. Daraus läßt sich das zugehörige Zeichen ableiten. In unserem Beispiel weist das Element Wasser und die Qualität fix die meisten Nennungen auf (jeweils sieben). Dies heißt einmal mehr, daß das Zeichen ***Skorpion*** betont ist (das Zeichen Skorpion ist gekennzeichnet durch die Zuordnung zum Element Wasser und zur fixen Qualität).

8. Ein ***stark betontes Zeichen*** (anhand der Besetzung eines *Hauses*). Bei diesem Schritt wird gezählt, wieviel Planeten in jedem Häusern stehen. Die Häuser werden dann den Zeichen zugeordnet, die ihnen im Tierkreis entsprechen. Das 1. Haus entspricht dem kardinalen Feuerzeichen Widder, das 2. dem fixen Erdzeichen Stier und so weiter. Auf das MC und den Aszendenten wird hierbei nicht eingegangen, weil diese ja nur Achsen darstellen. In unserem Beispiel ergeben sich die höchsten Wertungen für die Elemente Wasser und Luft (jeweils drei Nennungen) sowie für die fixe Qualität. Die Zeichen, die durch diese Betrachtung hervorgehoben sind: ***Wassermann und Skorpion***.

Als nächstes solltest du aufschreiben, wie oft die einzelnen Zeichen genannt worden sind (insgesamt kam es in unserem Beispiel zu elf Nennungen): Skorpion ist fünfmal erwähnt worden (Sonne, Zeichen-Stellium, Haus-Stellium, Betonung durch Zeichen und Betonung durch Haus), Wassermann zweimal (Aszendent und Betonung durch Haus), Schütze (MC), Krebs (Mond), Fische (Zeichen im 1. Haus neben Aszendenten-Zeichen) und Widder (Zeichen im 1. Haus neben Aszendenten-Zeichen) je einmal.

Der letzte Schritt bei dieser Vorgehensweise besteht darin, von den angeführten Zeichen wieder zu den Elementen und Qualitäten zurückzugehen. Auf diese Weise kannst du einen genauen Einblick in die Persönlichkeit des betreffenden Menschen erhalten. In unserem Fall war zweimal ein Feuerzeichen betont (einmal Schütze, einmal Widder), zweimal ein Luftzeichen (beidesmal das Zeichen Wassermann) und siebenmal ein Wasserzeichen (fünfmal Skorpion, einmal Krebs, einmal Fische) – Erdzeichen traten nicht in Erscheinung. Zwei von den erwähnten Zeichen waren von kardinaler Qualität (einmal Krebs, einmal Widder), siebenmal wurden fixe Zeichen genannt (davon fünfmal das Zeichen Skorpion und zweimal Wassermann), und zweimal handelte es sich um veränderliche Zeichen (einmal Schütze, einmal Fische).

Wenn Feuer das vorherrschende Element in deinem Horoskop ist, mußt du aktiv an etwas teilnehmen. Kommt es zu Problemen, kannst du dich nicht zurücklehnen und in aller Ruhe abwarten, was passiert. Du nimmst die Dinge in die Hand, und manchmal bist du dir der Konsequenzen, die sich daraus ergeben könnten, in keinster Weise bewußt (dies gilt insbesondere dann, wenn das Zeichen Widder stark betont ist). Du solltest bei all deinem Eifer und Enthusiasmus darauf achten, nicht über deine Kräfte zu leben. Und versprich nicht mehr, als du tatsächlich halten kannst.

Eine Betonung des Elementes Erde bedeutet, daß du dich mit der Welt auf eine praktische und konkrete Weise auseinandersetzt. Du willst, daß alles organisiert ist und du über alle Informationen verfügst, bevor du aktiv wirst. Vielleicht machst du dir Listen darüber, was zu erledigen ist, und hakst alles Punkt für Punkt ab. Du brauchst einen Anlaß, um für etwas aktiv zu werden. Die Warnung für Erd-Menschen besteht darin, daß sie achtgeben müssen, bei aller Sorgfalt für die Einzelheiten nicht das übergeordnete Ganze aus dem Blick zu verlieren. Es kann hier hilfreich sein, den Weg in viele kleine Etappen aufzuteilen, die schließlich zu einem größeren, übergeordneten Ziel führen. Auf diese Weise kann es recht schnell zu konkreten Ergebnissen kommen, ohne daß zuviele Einzelheiten beachtet werden müßten.

Wenn in deinem Horoskop das Element Luft betont ist, bist du vielleicht ein «Kopfmensch». Du bist in der Lage, Situationen abstrakt zu erfassen und die Positionen anderer Menschen nachzuvollziehen. Vielleicht bereitet es dir aber Schwierigkeiten, aktiv zu werden (dies gilt insbesondere für die Zeichen Waage und Wassermann), und möglicherweise bist du immer nur damit beschäftigt, Pläne zu machen, ohne jemals eine Gelegenheiten beim Schopfe zu packen. Der Zwilling kann durchaus ein aktiver Typ sein – die typische Zwillings-Aktivität aber führt häufig zu keinen konkreten Resultaten. Wie dem auch sein mag – wichtige Aktionen müssen geplant und diskutiert werden, bevor der luftbetonte Mensch handelt. Für jedes Luftzeichen gibt es eine bestimmte Art der Stimulation: Zwillinge brauchen eine Vielzahl von Aufgaben, an denen sie abwechselnd arbeiten können, Waage-Menschen werden durch das Gefühl ermuntert, Freunden zu helfen (bei der Waage handelt es sich um ein kardinales Zeichen), und der Wassermann wird insbesondere davon angesprochen, wenn er im Rahmen eines humanitären Zieles aktiv werden kann.

Eine Betonung des Elementes Wasser bedeutet ein intuitives Wesen sowie die Neigung, aus dem «Bauch» zu handeln. Voraussetzung zum Aktivwerden ist für diese Menschen, daß sie ein «gutes Gefühl» hinsichtlich der Situation haben. Für sie ist es nicht notwendig, alles vollständig zu durchdenken oder auf den konkreten Nutzen hin zu untersuchen. Oftmals können wir von diesen Menschen Aussagen hören wie: »Meine innere Stimme hat mir das gesagt.« Gewarnt werden muß hier vor der Gefahr, sich von den Gefühlen beherrschen zu lassen, weil damit eine verzerrte Sicht der Wirklichkeit einhergehen kann. Es ist durchaus möglich, daß es hier zu einer Diskrepanz zwischen der objektiven Realität und der Wahrnehmung des Menschen kommt. Zum Glück aber macht sich beim Menschen nicht nur ein Element bemerkbar. Du kannst dich bemühen, die anderen Elemente zum Ausgleich heranzuziehen, wenn sich entsprechende Probleme ergeben sollten.

Wenn in deinem Horoskop die kardinalen Zeichen betont sind, ist dies ein Anzeichen dafür, daß du jemand bist, der immer wieder neue Dinge auf den Weg bringt. Wie bei den Feuerzeichen auch besteht der Wunsch, aktiv an etwas mitzuarbeiten. Es geht hier eigentlich nur darum, die richtige Herangehensweise zu finden. Die Gründe, aus denen die vier kardinalen Zeichen aktiv werden, sind sehr unterschiedlich. *Widder* ergreift die Initiative um der Initiative willen. *Steinbock* fühlt sich angesprochen durch den möglichen Statusgewinn beziehungsweise den persönlichen Fortschritt, der mit der Aktivität verbunden ist. *Krebs* und *Waage* gehen auf weniger aggressive Weise als die erstgenannten kardinalen Zeichen vor – Waage kann aber, wie eben erwähnt, für diejenigen aktiv werden, die ihr wichtig sind und ihr nahestehen. Und der Krebs braucht nun wirklich keinen Ansporn, wenn es darum geht, das Zuhause oder die Familie zu verteidigen.

Die Betonung der fixen Zeichen bedeutet Hartnäckigkeit und Ausdauer. Leute, bei denen diese Zeichen betont sind, neigen dazu, für lange Zeit an bestimmten Situationen und Menschen festzuhalten – länger, als es bei jeder anderen Qualität der Fall ist. Es kann sich hier um ein «Gewohnheitstier» handeln, um jemanden, dem jede Veränderung zuwider ist. Selbst beim Zeichen Wassermann, das mit Revolutionen in Zusammenhang gebracht wird, besteht der Wunsch, sich davon zu überzeugen, daß das Endresultat die Mühen wert ist. Die Anregung, etwas anders zu machen, stößt für gewöhnlich auf Ablehnung. Menschen, bei denen das Zeichen *Wassermann* betont ist, bewegen sich vielleicht etwas schneller als Stiere, Löwen und Skorpione – keines der fixen Zeiten aber reagiert mit uneingeschränkter Freude auf bevorstehende Veränderungen. Du mußt wissen, daß du diesen Menschen gegenüber nicht auf Schnelligkeit oder drastischen Wandlungen bestehen darfst. Besonders hier sind die alchimistischen Rituale gut anzuwenden.

Menschen mit einer Betonung der veränderlichen Zeichen im Horoskop sind flexibel und – zumindest theoretisch – offen für Veränderungen. Um welches Zeichen, Element oder um welche Qualität es sich auch handeln mag – für alle Menschen gilt, daß sie Angst verspüren können, wenn sich vollständig neuen Bedingungen gegenübersehen. Glücklicherweise kommt es aber so gut wie nie dazu, daß sich *alles* ändert. Weil nun die Menschen mit der Betonung der veränderlichen Zeichen zwar einerseits offen für neue Entwicklungen sind, andererseits aber dieser allgemeine Widerstand vorhanden ist, kommt es hier häufig zu Fehlstarts. Aus diesem

Grund könnte es eine Zeit dauern, bis wirklich Fortschritte erzielt werden. Auf jeden Fall aber haben diese Menschen die Fähigkeit, Richtungswechsel vorzunehmen. Es kommt nur darauf an, sie davor zu bewahren, im Kreis zu gehen. Auch hier können die entsprechenden alchimistischen Rituale einen hilfreichen Einfluß ausüben.

Es gibt kein Geburtshoroskop, in dem alle Planeten und Punkte im gleichen Zeichen, im gleichen Element oder in der gleichen Qualität stehen (zumindest ist mir noch keines zu Augen gekommen). Jedes Horoskop ist Ausdruck vielfältiger Kombinationen. Wir müssen uns dieser Tatsache bewußt sein, wenn wir ein Horoskop interpretieren. In dem obigen Beispiel waren das Wasser-Element und die fixe Qualität betont. Das legt nahe, daß dieser Mensch auf eine intuitive Weise vorgeht (Wasser) und es, wenn er einmal seinen Weg gefunden hat, sehr schwierig sein dürfte, ihn zu einem Richtungswechsel zu veranlassen (fixe Qualität). Wenn dies auch die Art und Weise ist, auf die er normalerweise tätig wird, ist er doch dazu imstande, sich mehr oder weniger objektiv zu betrachten und planvoll vorzugehen (Luft). Und mit dem Element Feuer verfügt er sehr wohl über einen gewissen Aktivitätsdrang. Die kardinale Qualität ist also recht stark vertreten, mit der Folge, daß dieser Mensch doch schneller die Initiative ergreifen kann, als wir es bei der Betonung der fixen Qualität zunächst erwarten würden. Des weiteren bedeutet das Vorhandensein der veränderlichen Energie, daß es sich um einen Menschen handelt, der eine gewisse Flexibilität aufweist.

Die *Zeichen*, die im Horoskop betont sind, liefern weitere Informationen. Das Zeichen Skorpion ist in unserem Beispiel am stärksten gestellt, was heißt, daß die Skorpion-Eigenschaften am deutlichsten in Erscheinung treten werden. So wird also dieser Mensch aller Wahrscheinlichkeit nach aus dem «Bauch» handeln, Situationen und Geschehnisse tiefgründig analysieren und vieles von dem, was in ihm vorgeht, für sich behalten. Das nächststarke Zeichen ist Wassermann – was bedeutet, daß dieser Mensch versuchen könnte, die erhaltenen Informationen objektiv zu bewerten und zu einem Gesamtbild zusammenzufügen, auf seine eigene Weise und vielleicht, ohne jemanden um Hilfe zu bitten. Als nächstes geht es darum, die Eigenschaften der anderen Zeichen, die in diesem Horoskop betont sind, in dieses Muster einzuordnen. Auf diese Art und Weise können wir einen Eindruck davon erhalten, wie dieser Mensch in seinem Leben handelt.

Wir können Transite auch als Ausdruck der Dynamik des Laufs der Planeten durch den Tierkreis definieren. Es ist dann nur logisch, wenn wir sie mit Aktivität (innerlicher oder äußerlicher Art) in Zusammenhang bringen. Aus diesem Grund sollten wir den Planeten Mars im Hinblick auf sein Zeichen, Haus und seine Aspekte untersuchen, wenn wir uns über die Vorgehensweise eines Menschen klarwerden wollen. In unserem Beispiel verstärkt Mars aufgrund seiner Stellung im Zeichen Krebs die Tendenz, auf der Basis von Gefühlen sowie auf intuitive Weise vorzugehen. Mars befindet sich nicht nur im Zeichen Krebs, er steht auch in Konjunktion zum Mond. Die Opposition von Mond und Mars zu Saturn im Steinbock (dessen eigenem Zeichen, im Element Erde) kann ein Ausgleich für den Mangel an Erde in diesem Horoskop sein. Hierdurch könnte die Emotionalität abgemildert werden. Vielleicht reagiert dieser Mensch auf Situationen und Geschehnisse zwar zunächst einmal vom Gefühl her, berücksichtigt dann aber doch, bevor er aktiv wird, die konkreten Gegebenheiten. Es wäre denkbar, daß er es für andere übernimmt, aktiv zu werden (Mond im Zeichen Krebs und im Sextil zum aufsteigenden Mondknoten im 7. Haus). Nichtsdestotrotz aber wird ihm die Anerkennung seiner Bemühungen wichtig sein (Mars im Trigon zur Sonne). Das Trigon zwischen Mars und Merkur könnte darauf hinweisen, daß er mehr über seine Vorhaben redet, als es von einem Skorpion zu erwarten ist.

Dies ist natürlich keineswegs eine vollständige Interpretation des Horoskops. Es handelt sich dabei auch nicht um die einzige Interpretations-Methode. Der Zweck dieser Darlegung ist zu erläutern, wie wir am einfachsten Nutzen aus den Transiten ziehen können. Jeder Mensch ist anders, und wir müssen uns dessen bewußt sein, wenn wir die Transite bestmöglich nutzen wollen. Du würdest ungeduldigen Menschen auch nicht den Rat geben, erst einmal in aller Ruhe abzuwarten, sondern ihnen stattdessen dabei helfen, ihre Aufgaben schneller zu erledigen.

Du solltest auch bemüht sein, die wichtigen Botschaften des Horoskops – insbesondere diejenigen, die Probleme bedeuten – zu entschlüsseln. Es könnte zum Beispiel sein, daß du in deinem Horoskop ein T-Quadrat hast, welches gerade durch einen Transit aktiviert ist. Das würde heißen, daß für dich nun eine günstige Gelegenheit besteht, dich mit einem problematischen Muster in deinem Leben auseinanderzusetzen. Vielleicht ist ein Thema auch mehrfach angezeigt – wie zum Beispiel dann, wenn im Horoskop Saturn und Uranus in Konjunktion zueinander stehen und sich die Sonne im Steinbock und der Mond sich im Wassermann befindet. In diesem Fall gäbe es also zweimal den Hinweis auf den Zwiespalt zwischen Freiheit und Verantwortung. Laß uns nun weiterhin annehmen, daß im Transit der Saturn auf der Saturn/Uranus-Konjunktion steht. Dies wäre natürlich zunächst einmal die Wiederkehr von Saturn zu seiner Geburtsposition – in gleicher Weise aber würde nun wieder der Zwiespalt zwischen Freiheit und Pflicht im Blickpunkt stehen. Es könnte sein, daß sich zu dieser Zeit schwierige Situationen ergeben. Wenn du weißt, was das Thema ist, und erkennst, daß beide Polaritäten ihren Ausdruck finden müssen, kannst du besser und effektiver mit der Situation umgehen.

Wenn die Interpretation des Geburtshoroskops erfolgt ist, kannst du bei der Betrachtung der Transite auf verschiedene Weise vorgehen. Bevor du dich für eine Methode entscheidest, mußt du noch eins beachten: Schreibe die Planeten und Punkte deines Horoskops, unabhängig von ihrer Wichtigkeit, gemäß dem Grad, auf dem sie stehen, auf, wobei du mit dem kleinsten beginnst. Für unser Beispiel ergäbe das:

♃	02° 29′	♑	☊	12° 10′	♍	☉	16° 51′	♏	♅	25° 34′	♌
♇	07° 53′	♍	☿	13° 52′	♏	♂	17° 42′	♋	⊗	26° 07′	♎
♆	09° 09′	♏	♄	14° 06′	♑	♀	21° 59′	♐	AC	26° 33′	♒
MC	11° 20′	♐	☽	15° 55′	♋						

Du kannst auch noch die Asteroiden, Chiron oder andere Faktoren hinzufügen, die dir wichtig sind. Wenn du dann in die Ephemeride schaust, wirst du sogleich sehen, von welchen Transit-Planeten aus sich Aspekte zu deinem Horoskop ergeben. Um bei unserem Beispiel zu bleiben: Wenn du siehst, daß in einem bestimmten Monat sich der Planet Saturn von 21 Grad bis 25 Grad im Zeichen Wassermann bewegt, weißt du sofort, daß dies ein Trigon zur Venus bedeutet, eine Opposition zu Uranus sowie ein Trigon zum Glückspunkt. Es kann hilfreich sein, wenn du dir noch ein besonderes Formular für die Transite machst.

Die Monats-Transitübersicht

Für die Monats-Transitübersicht (siehe nächste Seite) kannst du dir selbst ein Formular machen, indem du entweder ein kariertes DIN-A4-Blatt nimmst oder auf einem unbeschriebenen Blatt selbst 31 Linien ziehst (wobei du oben noch etwas Platz lassen solltest, um den Monat einzutragen). Als erstes solltest du den Monat und das Jahr vermerken, für den die Transite gelten. Wenn das Blatt liniert ist, schreibe in die linke Spalte die Monatstage 1 bis 31 und setze, in abgekürzter Form, die entsprechenden Wochentage dazu. Schreibe dann rechts davon die Planeten und Punkte des Horoskops auf, und zwar gemäß ihrer relativen Länge (siehe dazu das Beispiel).

Wenn es um die Monats-Transitübersicht geht, wäre es am besten, eine Ephemeride zu benutzen, die auf die Ortszeit abgestimmt ist (wenn möglich). Der Grund hierfür liegt darin, daß sich sonst Verschiebungen von einem Tag für die Transite ergeben könnten, was insbesondere bei den inneren Planeten von großer Bedeutung wäre.

Die Monats-Transitübersicht eignet sich gut als Demonstrationsobjekt für Astrologie-Kurse. Ihr wichtigster Zweck besteht darin, das Verständnis für die Art und Weise, auf die die Planeten und Punkte des Horoskops durch Transite aktiviert werden können, sowie das Wissen um das Geburtshoroskop selbst zu vergrößern.

In unserem Beispiel ist der erste Planet der Transit-Planet, der zweite ist der Planet (oder Punkt) des Horoskops, auf den sich der Transit bezieht. Das Zeichen, das die Aspektart verkörpert, steht in der Mitte. Weil es sich hier um ein Instrument für Anfänger handelt, berücksichtigen wir nur die 30-Grad-Aspekte, aus dem Grund, daß sie leicht zu entdecken sind. Das soll natürlich nicht heißen, daß die nicht sofort sichtbaren Aspekte wie das Halbquadrat und das Anderthalbquadrat keine Bedeutung hätten. Wenn du willst, kannst du sie bei dieser Übersicht ebenfalls berücksichtigen. Der Aspekt wird für den Tag eingetragen, an dem er exakt ist. Wenn es um die äußeren Planeten oder die Mondknoten geht, zeichnen wir eine Linie, beginnend an dem Tag, an dem der Planet oder Mondknoten in den Bereich von einem Grad vor dem Horoskop-Faktor kommt. Zu dem Datum, an dem der Transit-Planet oder Mondknoten aus dem Ein-Grad-Bereich herausläuft, endet die Linie.

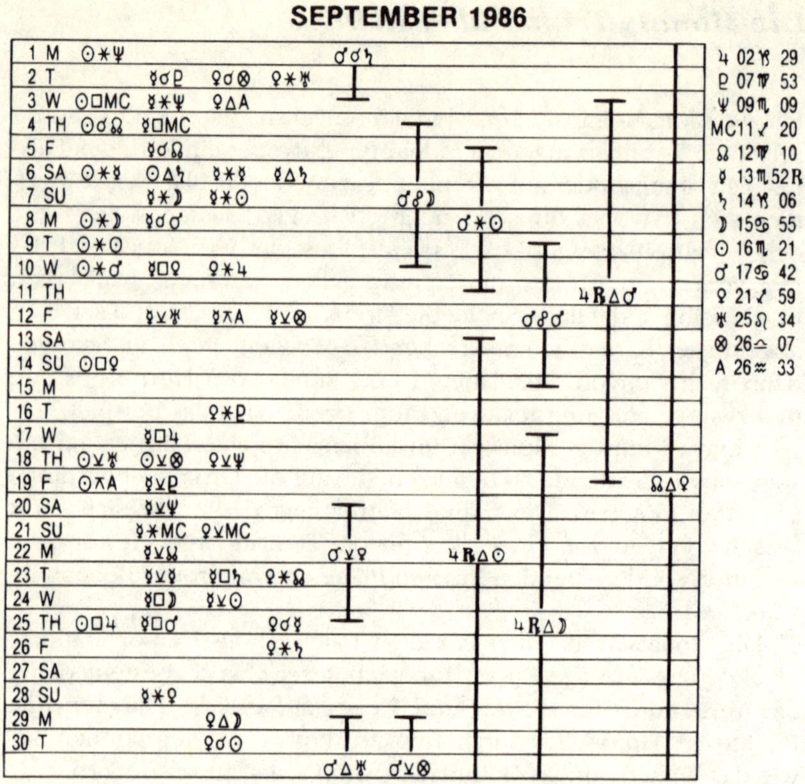

Beispiel für eine Monats-Transitliste

Wenn du mit diesem Formular zu arbeiten beginnst, verspürst du vielleicht den Wunsch, begleitend ein Tagebuch zu führen und aufzuschreiben, welche bedeutsamen Geschehnisse sich im Zusammenhang mit den Transiten ergeben. Dies kann dir Hinweise liefern, wie du den größtmöglichen Nutzen aus den Transiten ziehen kannst. Einer meiner Studenten, in dessen Horoskop die Venus im Zeichen Jungfrau im 10. Haus steht, fand nach einigen Monaten Beobachtungszeit heraus, daß sich jedesmal dann, wenn ein Transit-Planet die Venus aspektierte, etwas Bedeutsames im Hinblick auf seine Arbeit ergab. Nur selten waren die Beziehung zu seiner Frau, seine künstlerischen Fähigkeiten oder der Bereich der Geselligkeit betroffen. Aufgrund dieser Erkenntnis kümmerte er sich zu diesen

Zeiten nicht mehr um die letzteren Bereiche, sondern bemühte sich stattdessen, die beruflichen Kontakte zu intensivieren.

Bei der Benutzung der Monats-Transitübersicht besteht die Gefahr, sich zu sehr auf das, was jeden Tag passiert, zu konzentrieren. Es könnte dazu kommen, daß du sehnsüchtig darauf wartest, daß sich ein entsprechender Symbolismus zeigt – zum Beispiel dann, wenn die Sonne im Sextil zu deiner Geburts-Venus steht. Du könntest dich auch so sehr mit den Details eines Transits aufhalten, daß dir dessen größere Bedeutung entgeht – daß du den Wald vor lauter Bäumen nicht siehst. Gleichfalls denkbar wäre die Tendenz, sich zu stark auf die Transite auszurichten und nichts zu unternehmen, ohne auf die Transitübersicht geschaut zu haben. Dies könnte deinen Fortschritt behindern oder sogar zum Stillstand bringen. Transite sollten als eine Art Richtlinie verstanden werden, nicht aber als unumstößliche Prophezeiung. Aus diesem Grund empfehle ich meinen Studenten, wenn sie sich und die symbolische Bedeutung der Transit-Planeten mithilfe der Monats-Übersicht besser zu verstehen gelernt haben, als wichtigstes Arbeitsutensil die Sechs-Monate-Transitübersicht.

Die Sechs-Monate-Transitübersicht

Bei der Sechs-Monate-Transitübersicht auf der folgenden Seite kannst du auf das gleiche Papier wie bei der Übersicht für einen Monat zurückgreifen. Du schreibst dann wie im Fall zuvor rechts die Planeten und Punkte des Horoskops gemäß ihrer relativen Länge auf. Als Überschrift setzt du das Jahr beziehungsweise die Jahre ein, für das beziehungsweise die die Übersicht gilt. Links trägst du zunächst die Monate dieses Zeitraums ein und dann die Tage, wobei du dich hier auf Intervalle von jeweils fünf Tagen beschränkst. Der wesentliche Unterschied zu der Monats-Transitübersicht besteht darin, daß hier nur die Transite der Mondknoten und die der äußeren Planeten ab Jupiter berücksichtigt werden – die Transite also, die als Meilenstein im Hinblick auf deine Entwicklung zu betrachten sind. Das Eintragen der Transite in das Formular geschieht auf ähnliche Weise wie im ersten Fall. Zuerst wird der Transit-, dann der Planet oder Punkt des Geburtshoroskops angeführt. Der Transit wird für die Fünf-Tages-Periode eingetragen, innerhalb derer er exakt ist. Für die Zeit, innerhalb derer er sich im Ein-Grad-Or-

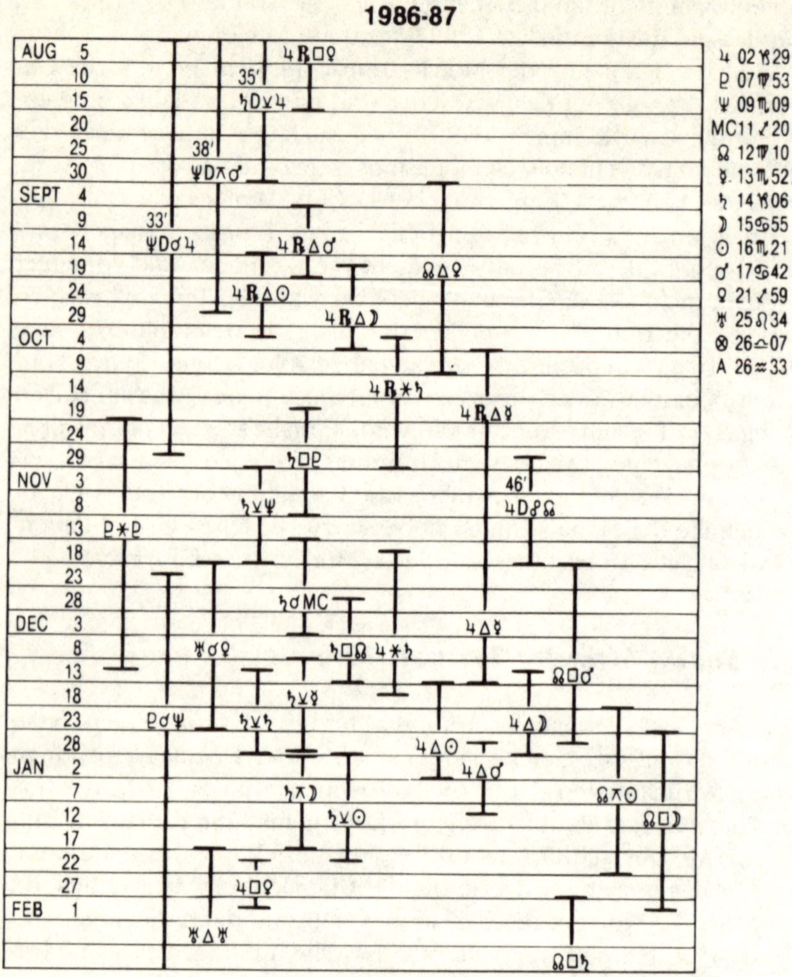

Beispiel für eine Sechs-Monats-Transitliste

bis befindet, wird wieder die senkrechte Linie eingezeichnet. Wenn ein Planet sich in der normalen Vorwärtsbewegung einem Aspekt nähert, dieser aber nicht exakt wird, notieren wir ein D (für direktläufig) sowie einen Zahlenwert, der zum Ausdruck bringt, wieviel Minuten noch zur Exaktheit fehlen. Wird der Planet dann rückläufig, vermerken wir das mit einem R (falls der Aspekt in der rückläufigen Phase nicht exakt wird, setzen wir auch hier den Minutenwert dazu). In unserem Beispiel bedeutet also für August/September »Neptun D Konjunktion Jupiter 33 Minuten«, daß der laufende Neptun sich bei seiner direktläufigen Bewegung dem Geburts-Jupiter bis auf 33 Minuten nähert, bevor er dann rückläufig wird.

Der Nutzen der Sechs-Monate-Transitübersicht besteht darin, daß du dir mit ihrer Hilfe einen Überblick verschaffen kannst über das, was vor dir liegt, was es dir möglich macht, dich auf die betreffenden Themen vorzubereiten. Du fragst dich jetzt vielleicht, warum die Transitübersicht für sechs Monate erstellt werden soll und nicht für ein oder zwei oder auch zehn Jahre. Das hat seinen Grund darin, daß sich nach diesen sechs Monaten die Situation schon wieder weitgehend verändert haben kann. Und ob du dann mit den Geschehnissen und deinem Leben zufrieden sein wirst, hängt davon ab, wie du mit den Transiten, die jetzt vor dir legen, umgegangen bist. Mit anderen Worten: Die Sechs-Monate-Transitübersicht kann dir dabei helfen, die Gegenwart bestmöglich zu nutzen, mit der Folge, daß die Zukunft viele Belohnungen für dich bringt.

Wenn du die Transitübersicht interpretierst, mußt du immer das Geburtshoroskop im Hinterkopf haben. Du solltest auch die psychologische Verfassung des Menschen berücksichtigen sowie sein Alter – vielleicht ist gerade ein kritischer Aspekt von einem der äußeren Planeten exakt. Der Mensch, für den die vorstehende Übersicht erstellt wurde, ist im Jahre 1960 geboren. Insofern geht es für ihn im Jahr 1986/87 um den *Eintritt ins Erwachsenenalter* – er muß sich nun in der Welt etablieren und seinen Platz suchen. Mit 25 oder 26 Jahren hat der Mensch die innerzyklischen Quadrate von Saturn und Uranus hinter sich. Uranische, aufrüttelnde Ereignisse dürften nun hinter ihm liegen, und die grundsätzlichen Einstellungen dem Leben gegenüber sind möglicherweise schon ausgebildet. Diese Einschätzung kann uns einen Hintergrund für die Interpretation der Transite liefen und uns eine Art Spielplan für diesen Zeitraum an die Hand geben.

Der erste Schritt bei der Sechs-Monate-Transitübersicht besteht darin, sich vor der Betrachtung der einzelnen Aspekte einen allgemeinen Überblick zu verschaffen. Richte zunächst dein Augenmerk darauf, ob sich in bestimmten Monaten überdurchschnittlich viele Aspekte ergeben. Endet eine Reihe von Transiten und beginnt eine neue? Wem dem so ist, handelt es sich hier um eine günstige Zeit, sich mit etwas Neuem zu beschäftigen oder eine neue Richtung einzuschlagen. In unserem Beispiel ist es der Monat Oktober, in dem einige Transite ausklingen und andere sich ankündigen. Und in den Monaten November, Dezember und Januar sind mehr Aspekte zu beobachten als zu den anderen Zeiten. Das könnte ein Hinweis darauf sein, daß die Monate August und September eine Zeit der Vorbereitung sind und daß im Oktober ein Plan gemacht wird.

Wenn du darauf schaust, welcher Art die Aspekte sind, kannst du weitere Aufschlüsse über die Situation gewinnen. Erinnere dich daran, daß Transite von Planeten ein Potential für uns bedeuten. Die Planeten und Punkte des Geburtshoroskops, die durch Transite aktiviert werden, zeigen uns, an welchen unserer Eigenschaften wir arbeiten sollten. Wenn ein Transit-Planet zur gleichen Zeit mehrere Horoskop-Faktoren aspektiert, heißt das, daß die diesem zugeschriebenen Prinzipien nun sehr wichtig für uns sind und zur Anwendung gebracht werden sollten. Um es wieder an unserem Beispiel zu verdeutlichen: In den Monaten November und Dezember gehen vom Transit-Saturn und vom Transit-Jupiter eine Reihe von Aspekten aus. Insofern können nun sowohl Expansion als auch Beschränkung wichtige Themen darstellen. Und dieser Mensch sollte sich darüber im klaren sein, daß es für ihn sehr nützlich sein könnte, sich um Ausgewogenheit zu bemühen. Es könnte ihm helfen, wenn er sich entwicklungsfördernden Situationen (Jupiter) aussetzt und danach das, was er dabei gelernt hat, überdenkt und in seine Lebensstruktur aufnimmt (Saturn).

Betrachten wir nun den Dezember und den Anfang des Monats Januar. Wir sehen, daß von den Transit-Planeten Saturn und Jupiter (sowie von den Transit-Mondknoten) aus Aspekte zur Geburts-Sonne und zum Geburts-Mond bestehen. Dies könnte ein Hinweis darauf sein, daß alles, was dieser Mensch nun erlebt, einen Einfluß auf sein Ego und/oder seine Emotionen hat. Weil auch die Mondknoten beteiligt sind, könnten die durch die Sonne und den Mond symbolisierten Eigenschaften aufgrund der Einwirkung von Mitmenschen in den Blickpunkt geraten. Wenn sich der Mensch dies weiß, könnte er sich bewußt für eine Vorgehensweise entscheiden, bei der er seine Gefühle entwickeln und seine emotionale Verfassung stärken (Mond) und persönliche Anerkennung bekommen kann (Sonne). Wenn dann die Zeit reif ist und die Aspekte exakt werden, könnte er dann entsprechende Aktivitäten unternehmen.

Bei der Sechs-Monate-Transitübersicht kannst du auch die Häuser, in denen sich die Transit-Planeten und die des Geburtshoroskops befinden, in Betracht ziehen. Auch die Häuser, die von diesen regiert werden, sollten berücksichtigen werden. Außerdem gilt: Je mehr Informationen du über die Lebenssituation des Geborenen hast, desto detaillierter kann deine Interpretation der Transite ausfallen. Diese Informationen sollten aber nicht dazu dienen, die Zukunft vorherzusagen – sie sollten die Zukunft schaffen.

Alternativen

Alternativen zu den »handgemachten« Transitübersichten sind die Transitgraphiken und -listen der verschiedenen Astrologie-Computerprogramme. Du kannst dich in der Fachpresse über die Anbieter informieren. Besonders hervorzuheben sind hier die Auswertungen des Programms PSCS. Sowohl Transitgraphiken als auch sehr übersichtliche Listenausdrucke und 45-Grad-Ephemeriden kann dieses Programm, neben einer Vielzahl anderer Funktionen, erstellen. Beachte bitte die umseitigen Informationen hierzu.

Wenn du nicht gleich ein EDV-Programm kaufen willst, kannst du Transitlisten und -graphiken auch beim Horoskop-Service des Verlags Hier & Jetzt bestellen. Näheres hierzu auf der letzten Seite.

Wie du merkst, gibt es eine Vielzahl von Wegen, Transite zu untersuchen. Du hast die Wahl, wie du das Material, das du in diesem Buch findest, nutzt. Es kann dir zum Beispiel helfen, wenn du selbst einen Kurs über die Transite geben willst. Die zehn Kapitel (unter Berücksichtigung der Einführung) könnten den Lehrstoff für zehn Veranstaltungen liefern. Du könntest das Buch weiterhin zur Erweiterung deines Wissen über die Transite benutzen und neue Erkenntnisse aus ihm gewinnen. Gleichfalls wäre denkbar, daß du mit seiner Hilfe besser verstehst, was sich im Leben deiner Mitmenschen abspielt. Wie dem auch sein mag – es geht hier darum, Transite zu *nutzen*. Du solltest für dich die Erkenntnis gewinnen, daß Transite niemals eine beschränkende Wirkung haben müssen. Transite stehen im Gegenteil für Gelegenheiten, durch die unser Leben produktiver und erfüllender werden kann.

HOROSKOP~

SERVICE

Wir fertigen für Sie genaueste astrologische Berechnungen jedes gewünschten Horoskops. In excellenter, differenzierter, 5-farbiger Ausführung. Auf weißem Papier im Format DIN A4.

Geburtshoroskop *(einschl. Chiron)*farbige Zeichnung und farbiges Aspektarium.

Solar *(Jahreshoroskop)* Sekundengenaue Wiederkehr der Sonne zur Geburtsposition.

Lunar *(Monatshoroskop)* Sekundengenaue Wiederkehr des Mondes zur Geburtsposition.

Transite *(ein Jahr; mit Jupiter, Saturn, Uranus, Neptun, Pluto)*
Transitliste: Listenausdruck. Viele Informationen, Eintritt der Transit-Planeten in Radix-Häuser usw.

Partnerschaftshoroskop *(Vergleich zweier Horoskope)*
Direkter Partnervergleich: Zwei Horoskope werden «übereinandergelegt» (farbig).
Composit: Aus zwei Horoskopen wird ein Halbsummenhoroskop errechnet (farbig).

Sekundärprogressionen *(ein Tag nach der Geburt entspricht einem Lebensjahr)*
Progressionen im inneren Kreis, Geburtshoroskop im äußeren Kreis (farbige).

Sowohl »Koch-Häuser« als auch »Placidus-Häuser« sind in jedes Horoskop eingezeichnet. Andere Häusersysteme (Campanus, gleiche Häuser etc.) auf Wunsch möglich.
Bei fehlenden Zusatzangaben bezüglich Monat oder Jahr gehen wir immer vom laufenden Monat und Jahr aus.

Je Horoskop oder Transit-Jahr stellen wir Ihnen DM 15,-- in Rechnung. Für Partnerschafts- und Progressionshoroskope berechnen wir je DM 20,--. Versandpauschale 5,-- DM.

Folgende Angaben benötigen wir von Ihnen:

1. Ihre Adresse, **2.** Genaue Geburtszeit, **3.** Geburtsort und -land (bei kleineren Ortschaften nächstgrößere Stadt), und **4.** Zusatzangaben. Bei Solaren: welches Kalenderjahr; hauptsächlicher Aufenthaltsort; bei Lunaren: welcher Monat; hauptsächlicher Aufenthaltsort; bei Transiten: das gewünschte Jahr; bei Progressionen: für welches Jahr, wenn *nicht* ab aktuellem Datum. **5.** welches Häusersystem wenn *nicht* »Koch«,

6. Lieferung erfolgt nur bei Vorauszahlung der Rechnungssumme zuzüglich 5,-- DM Versandpauschale je Auftrag per V-Scheck oder Überweisung:
Hier & Jetzt GmbH: Hamburger Sparkasse, Konto 1042-214 195, BLZ 200 505 50.

Bestellungen adressieren Sie an: Hier & Jetzt, Erzbergerstr. 10, 22765 Hamburg. Sie können uns auch anrufen (040/395 784) oder faxen (040/39 00 733).